中国文化经纬

中国图书

肖东发　著

中国书籍出版社
China Book Press

图书在版编目（CIP）数据

中国图书 / 肖东发著. —北京：中国书籍出版社，2014.5
ISBN 978-7-5068-4120-7

Ⅰ. ①中… Ⅱ. ①肖… Ⅲ. ①图书史—中国 Ⅳ. ①G256.1

中国版本图书馆 CIP 数据核字（2014）第 062249 号

中国图书

肖东发 著

责任编辑	卢安然　牛　超
责任印制	孙马飞　马　芝
出版发行	中国书籍出版社
地　　址	北京市丰台区三路居路 97 号（邮编：100073）
电　　话	（010）52257143（总编室）　　（010）52257140（发行部）
电子邮箱	chinabp@vip.sina.com
经　　销	全国新华书店
印　　刷	三河市华东印刷有限公司
开　　本	635 毫米 × 970 毫米　1/16
字　　数	204 千字
印　　张	13
版　　次	2015 年 12 月第 1 版　2019 年 5 月第 2 次印刷
书　　号	ISBN 978-7-5068-4120-7
定　　价	48.00 元

版权所有　翻印必究

《中国文化经纬》系列丛书
编委会

顾问 汤一介 杨辛 李学勤 庞朴
　　　　王尧 余敦康 孙长江 乐黛云

主编 王守常

编委（按姓氏笔画为序）
　　　　王平 王小甫 王守常 邓小楠
　　　　乐黛云 江力 刘东 许抗生
　　　　朱良志 孙尚扬 李中华 陈平原
　　　　陈来 林梅村 徐天进 魏常海

总　序

二十世纪三十年代，陈寅恪先生在冯友兰《中国哲学史》下册的《审查报告》中说："窃疑中国自今日以后，即使能忠实输入北美或东欧之思想，其结局当亦等于玄奘唯识之学，在吾国思想史上既不能居最高之地位，且亦终归于歇绝者。其真能于思想上自成系统，有所创获者，必须一方面吸收输入外来之学说，一方面不忘本来民族之地位。此二种相反而适相成之态度，乃道教之真精神，新儒家之旧途径，而二千年吾民族与他民族思想接触史之所昭示者也。"今天读陈先生的话，感慨良多。先生所言之义：佛教传入中国，其教义与中国思想观念制度无一不相冲突。然印度佛教在近千年的传播过程中不断调适，亦经国人改造接受，终成中国之佛教。这足以告知我们外来思想与中国本土思想能够融合、始相反终相成之原因，在于"必须一方面吸收输入外来之学说，一方面不忘本来民族之地位"。这就是我们经常讲的,当下中国文化必须"返本开新"。如有其例外者,则是"忠实输入不改本来面目者,若玄奘唯识之学,虽震荡一时之人心,而卒归于消沈歇绝"。

我以为近代中国落后于西方,不应简单视为文化落后,而是二千多年的农业文明在十八世纪已经无法比肩欧洲工业文明之生产效率与市场资源的合理配置,由此社会政治、国家管理制度也纰漏丛生。由是而观当下之中国,体制改革刻不容缓,而从五四时代以来的文化批判也需深刻反思。启蒙运动对传统文化的批评固然有时代需求,未经理性拷问的传统文化无法随时代而重生。但"五四运动"的先贤们也犯了"理性科学的傲慢",他们认为旧的都是糟粕,新的都是精华,以二元对立的思考将传统与现代对峙而观,无视传统文化在代际之间促成了代与代的连续性与同一性,从而形成了一个社会再创造自己的文化基因。美国学者席尔思写了一部书《论传统》,他说:传统是围绕人类的不同活动领域而形成的代代相传的行为方式,是一种对社会行为具有规范作用和道德感召力的文化力量,同时也是人类在历史长河中的创造性想象的沉淀。因而一个社会不可能完全排除其传统，不可能一切从头开始或完全取而代之以新的传统，而只能在旧传统的基础上对其进行创造性的改造。此言至矣！传统与现代不应仅在时间序列上划分，在文化传承上可理解为"传统"是江河之源，而"现代"则是江河之流。"现代"对"传统"的理性诠释，使"传统"在"现代"得以重生。由此，以"同情的敬意"理解自己民族的文化传统是当下中国的应有之义，任何历史文化的虚无主义都要彻底摒弃。从"五四"先行者到今天的一些名士，他们对传统文化进行激烈批判，却也无法摆脱传统文化对自己的思维方式和价值观念的影响。这样的事实岂可漠视。

这套《中国文化经纬》丛书是在1993年刊行的《神州文化集成》丛书的基础上重新选目、修订而成。自那时到今天，持续多年的"文化热"、"国学热"，昭示着国人对自己民族文化的认同还处在进行时。文化决定了一个民族的性格，民族性格决定了一个民族的命运。中国文化书院成立至今已有30年了，书院同仁矢志不移地秉承着"让世界文化走进中国，让中国文化走向世界"之宗旨，不负时代的责任与担当。

此次与中国书籍出版社合作出版这套丛书，期盼能在民族文化的自觉、自信、自强上有新的贡献。

王守常

2014 年 12 月 8 日

于北京大学治贝子园

目 录

总 序 ··· 1

绪 论 ··· 1
    一、图书的概念及构成要素 ······················· 2
    二、图书对文化的作用 ··························· 7
    三、中国图书的特点 ····························· 10

第一章 历史悠久 一脉相承 ·························· 24
    一、汉字的产生 ································· 24
    二、图书起源 ··································· 31
    三、掌书史官 ··································· 35

第二章 载体众多 贡献杰出 ·························· 40
    一、陶器款识 ··································· 40
    二、甲骨卜辞 ··································· 42
    三、青铜器铭文 ································· 46
    四、玉石刻辞 ··································· 48

五、竹木简牍……………………………………… 51
　　六、丝织帛书……………………………………… 54
　　七、造纸发明……………………………………… 56
第三章　装帧考究　形成制度……………………… 58
　　一、简牍制度……………………………………… 59
　　二、卷轴制度……………………………………… 62
　　三、册页制度……………………………………… 67
第四章　类型丰富　源流不断……………………… 74
　　一、经典注疏……………………………………… 75
　　二、典制政书……………………………………… 79
　　三、图经方志……………………………………… 83
　　四、谱牒家乘……………………………………… 88
第五章　辨章学术　部次条别……………………… 92
　　一、《别录》《七略》…………………………… 92
　　二、四部分类……………………………………… 94
　　三、官私书目……………………………………… 97
　　四、辨章学术……………………………………… 100
第六章　屡遭厄运　有聚有散……………………… 102
　　一、图书之厄……………………………………… 102
　　二、石室金匮……………………………………… 109
　　三、典藏保护……………………………………… 112
第七章　发明印刷　偏重雕版……………………… 114

一、雕版印刷……………………………………114
　　二、活字印刷……………………………………120
　　三、套版印刷……………………………………130
第八章　三大系统　流通出版……………………135
　　一、政府刻书……………………………………135
　　二、私人刻书……………………………………142
　　三、书坊刻书……………………………………146
第九章　版本辨伪　辑佚校勘……………………153
　　一、古籍辨伪……………………………………154
　　二、版本鉴定……………………………………156
　　三、精校细勘……………………………………160
　　四、辑佚补缺……………………………………163
第十章　官修私撰　巨帙宏篇……………………166
　　一、《永乐大典》…………………………………168
　　二、《四库全书》…………………………………173
结语　最能体现中国文化的图书…………………178

出版后记……………………………………………189

绪 论

图书，作为知识的载体，是文化的基本要素，自然受到人们的重视与崇奉。中国的图书是中华民族五千年古老文化的结晶，对我们民族的发展产生过深远的影响。因而，中国的图书是研究中国文化不可缺少的专题。

中国的图书不仅有自己独特的内容，而且还有悠久的历史。众多的形态、完整的体系、多舛的命运，形成了许多与别国图书不同的特色。我国早在春秋时期就曾较大规模地开展对图书的著述、收集、整理、分类、编目、校勘等活动。可谓："官有其守，世有其学。"后来又逐渐形成了文献学、目录学、版本学、校勘学、考据学、辑佚学、辨伪学等名目繁多的治书之学。本书的一个重要任务就是探讨归纳中国图书的特点，用通俗的语言介绍这些与治书之学有关的基本知识，使读者在阅读本书之后，能够对中国的图书有一个较为全面深入的了解，并能产生一些兴趣。

一、图书的概念及构成要素

（一）图书的概念

图书是以传播知识为目的，用文字或其他信息符号记录于一定形式的材料之上的著作物。图书是人类社会实践的产物，是一种特定的不断发展着的知识传播工具。

"图书"一词最早出现于《史记·萧相国世家》，刘邦攻入咸阳时，"何独先入收秦丞相御史律令图书藏之。沛公为汉王，以何为丞相。……汉王所以具知天下厄塞，户口多少，强弱之处，民所疾苦者，以何具得秦图书也"。这里的"图书"指的是地图和文书档案，它和我们今天所说的图书是有区别的。

进一步探求"图书"一词的渊源，可追溯到《周易·系辞上》记载的"河出图、洛出书"这个典故上来，它反映了图画和文字的密切关系。虽然是神话传说，但却说明了这样一个事实：文字起源于图画。图画和文字确实是紧密相连的。古人称各种文字形态为"书体"，写字的方法为"书法"，"书"字还被作为动词，当"写"讲，如"罄竹难书""奋笔疾书""大书特书"等。以后，"书"便进一步被引申为

绪 论

一切文字记录，如"书信""文书""刑书""诏书""盟书"等。随着历史的发展，人们对于图书的认识也在不断地发生变化。到了今天，人们已经不再把一切文字记录都称作"书"了。例如文书、书信、诏书、盟书，虽然都带有"书"字，但已不包括在图书的范围之内。古文记载，其内容多是记事性质的，如甲骨卜辞、青铜器铭文等，都是属于这一类的，其作用主要是为帮助记忆，以便需要时检查参考，其性质相当于后世的档案。以后人们从实践中认识到，这些记录的材料可以改变成总结经验、传授知识的工具，于是便出现了专为传授知识、供人阅读的著作。这样，"图书"一词便取得了较新而又较窄的意义。到后来，凡不以传播经验、传授知识、供人阅读为目的的文字记录就不算图书了。随着生产力的发展和社会的进步，人们开始有意识地运用文字来宣传思想，传播知识，同时也逐步地形成了一套书籍制度，而处理日常事务的文件又形成了一套文书制度。于是，图书与档案就逐渐被区分开了。

在我国古代，人们曾对图书下过不同的定义。例如，从图书的内容方面出发的就有："百氏六家，总曰书也。"(《尚书·序疏》)从图书形式上出发的则认为："著于竹帛谓之书。"(《说文解字·序》)显然，这些定义是时代的产物，是就当时的实际情况而言的,不可能对以后的发展作全面的概括。但上述定义已经正确地揭示了当时书籍的内容和形式特征,并且把"书"看作一种特指概念,把它与原始的文字记录区别开来。经过了长达数千年的演变,作为图书内容的知识范围扩大了,记述和表达的方法增多了,使用的物质载体和生产制作的方法发生了多次的变化,因而也就产生了图书的各种类型、著作方式、载体、书籍制度以及各种生产方式。所有这些,便促使人们对图书有了较系统而明确的概念。

直到今天,图书仍有广义和狭义之分。在实际生活中,我们常常会遇到这样一些有趣的现象:对于"图书馆"和"图书情报工作"等概念来说,"图书"是广义的,泛指各种类型的读物,既包括甲骨文、金石拓片、手抄卷轴,又包括当代出版的书刊、报纸,甚至包括声像资料、缩微胶片(卷)及机读目录等新技术产品;而在图书馆和情报所的实际工作中,人们又把图书同期刊、报纸、科技报告、技术标准、视听资料、缩微制品等既相提并论,又有所区别。在前者与后者有所区别的时候,图书所包括的范围就大大缩小了,这是狭义的"图书"。

本书所讨论的图书是广义的,而且侧重于中国古代的文献典籍。

（二）图书的构成要素

从竹木简牍到今天的各类图书，不管其形式和内容如何变化，只要认真地加以考察和分析，就可以看出它们都具有下面这样几个要素。

1. 要有被传播的知识信息

传播知识信息是图书的基本职能，知识信息是构成图书的基本因素。图书的内容是伴随着人类对自然与自身认识的不断深化而发展的。整个人类思想文化的发展史都可以在图书的内容中得到反映。随着人类社会实践的进步，图书的内容也逐渐从简单到复杂，从低级到高级，从零散到系统。例如，世界各民族所留存下来的远古时期的文献，大都属于简单的"记事""记言"之类的资料，而后来的鸿篇巨制的杰作却是社会文明充分发展的产物。农业、天文学、医学等知识的文字记载，几乎是从人类刚刚走向文明时期起就开始出现的，而文摘索引之类的二三次文献只有在科学技术高度发达、各种知识急剧增长的情况下才能得到充分的发展。另外，随着社会生活领域的扩大，图书所具有的传播知识的目的性也越来越明确，其社会意义也越来越重要。我们可以按照图书内容在人类社会生活中的作用，将它传播的知识信息划分为：①情报性知识信息。它需要快速的更新和传递，并且有较强的针对性。②教育性知识信息。它既要求及时更新，又要有一定的稳定性，需要反复传递，传播面也比较广。③娱乐性知识信息。它的传播范围大小与时间长短，取决于社会时尚的变化，情况较为复杂。

2. 要有记录知识的文字、图像信号

人类很早就把有声的语言作为传递与交流知识的工具，但语言的传播要受到空间与时间的限制。人们也曾先后使用了结绳、契刻等方法来帮助记忆，但这一方法只能助记，不能直接表达复杂的事物，而且在传播上也受限制。只有使用图画和文字，才能较精确地代表事物及其相互关系，为人们共同理解与接受，因而才能跨越空间与时间的限制来传播知识。

3. 要有记载文字、图像信号的物质载体

光是有了文字和图像，而没有载录它的物质，也是无法成书的，因而人类就选择和创造了种种文字、图像的物质载体。由于文字、图像是平面显示的符号，所以图书的物质载体也都是平面的书写材料。从我国古代书史来看，最初是在甲骨、青铜等器物上记录文字，同时也把文字写到经过整治的竹木材料或丝帛上，接着又创造出自然界原来没有的重要产品——纸张。纸张薄而轻便，便于书写和印刷，原材料来源广泛，价格低廉，因而逐渐成为人类生产图书的重要原料。

4. 图书的生产技术和工艺也是产生图书的基本条件

图书的生产技术包括了两个方面：一是把文字符号转移到载体之上的复制技术；二是把载体加工成便于使用的装帧形式的技术。我国古代发明了造纸技术后，图书的装帧形式就逐渐由简策式发展到卷轴式。后来以抄写为手段的复制方式，又被我国人民发明的印刷技术所取代，于是装帧形式又由卷轴式发展为册页式。图书生产技术上的进步，使图书大量产生的理想变为现实。

二、图书对文化的作用

图书对于文化的作用可以从记录文化、积累文化、传播文化三方面来分析。

（一）图书是记录文化信息最直接的工具

据人类学家研究，在没有文字之前，人们表达思想、传递信息十分困难。最初只能靠声音和动作来表达感情、交流意识。在这"有声无言"的阶段，人与其他动物并没有很大的区别。经过长期进化，人们可以利用口中发出的不同声音来表达感情。由声音发展到语言，是人类社会的一大进步，人与人之间可以相互对话，沟通思想，交流经验。但由于文字尚未出现，此时还处在"有言无文"时期，仍有诸多不便。用语言传递信息，只能限于一时一地，距离稍远就不便传达，时间稍久，亦不便记忆，这就使人类在文化交流上具有很大局限性。

为了进一步使感情、信息得到交流传播，人们开始把自己的经验和知识，用简练的、便于记忆的语言编写成歌谣、口诀和故事，以此相告，代代相传，这就是所谓的"传说"。中外许多远古的历史和知识，就是靠传说才传之于后人的。如我国上古时期，关于"黄帝""炎帝""有巢""伏羲""神农""女娲"的故事，外国的"奥德赛""伊利亚特"等荷马史诗，都是依靠口耳相传的方式得以流传下来的。利用"传说"来传播信息文化，靠的是人的自然记忆。而人的记忆力总是有限的，一件事经过若干人口传之后，往往会被遗漏或增加某些内容，甚至完全走了样。因此，"传说"虽然为后人保存了古代的知识，但这种知识既零散，又真伪参半。

有了文字，就能比较全面、真实地记录和反映人类的知识文化，而且能克服时间和空间上的障碍与局限，人们用文字把要传播的知识文化记录在一定形式的载体之上，这就是人们通常说的图书文献。有了图书文献，容纳、提供的文化信息更为丰富、更为系统、更为精确、更为翔实，传递知识交流思想的功能也更加完备。

（二）图书文献是积累文化的重要手段

从人类文化发展的垂直继承关系上来分析，有了图书文献，人们就不需事必躬亲，事事从头做起，而可以极其有效地继承前人的知识、经验、认识、技能，从已有的认识和成果出发去创造新的认识与成果。马克思曾经说过："对脑力劳动的产物——科学的估价，总是比它的价值低得多，因为再生产科学所必要的劳动时间，同最初生产科学所需要的劳动时间是无法相比的。"许多科学家、发明家用一生或者数十年的精力研究得出的定理公式，我们可以在很短的时间内就能掌握并运用，避免了他们所经历的无数次失败。这就是人类社会所以能加速发展的原因。时代的进步就是建立在前人经验的基础之上的。前人不断积累，后人得以继承和借鉴，一个重要因素，就是由于有了图书文献。

（三）图书是传播文化的媒介

从横向的交流关系来分析，民族文化的形式，中外文化的冲击、碰撞与交流融合，都离不开图书。无论是历史上，还是科学技术飞速发展的今天，人们总要吸收别人的经验，取长补短，扩大视野，建设、丰富本民族文化科学。也可以说，文字记录文化和积累文化的作用都是为传播和交流文化服务的，这一点更为重要。

图书也可以理解为文化的表现形式。各种思想、意识、经验、理论、科学等要想物质化、有形化和社会化，都有赖于图书。

图书的形式也是不断变化的，有刻画记录、抄写记录、印刷记录、磁性记录、光电记录等。记录手段的变化反映了技术的发展，也是文化发展的要求。

图书不仅具有文化信息传递的意义，其本身也还有科学和美学的价值。和文化的其他部类一样，图书本身也有一个从无到有、从幼稚到成熟的经过。这一历程已构成文化史中一条重要的支脉，这一支脉正是本书所要介绍的内容。

三、中国图书的特点

中国图书是世界上各种书籍中最有民族性和独具特色的典籍。它可以归纳为如下十个特点。

第一，中国是文字典籍出现最早的国家之一，而且一脉相承，从未中断。

翻开人类社会发展史，中华民族文化源远流长，在世界文明史上占有重要的地位。中国是著名的四大文明古国之一。其他三个文明古国其文字和图书的起源虽与中国的汉字典籍不相上下，都在五六千年前诞生，但它们的命运却不相同，不论是古埃及的象形文字、古巴比伦的楔形文字，还是古印度的梵文都没有延续下来，早在一两千年前就不再使用了。基本上都成了死文字，只有考古学家、历史学家和古文字专家才能研读。

而我们中国从山东大汶口陶器上的原始文字算起，距今也有五千多年的历史。近年来还在西安发现了距今五千多年的甲骨文，比原来在河南安阳小屯发现的殷墟甲骨要早一千二百多年。甲骨文可以证明：从公元前二十一世纪的夏朝开始，中国的每一个朝代的每一位王位继承人都有可以查得出来的记录。现存古代史书可以证明，从公元前八四一年（周朝共和元）起，中国人有了每一年都能查得出来的记录。从公元前七二二年（周平王四九）起，中国人有了每一个月都能查得出来的记录。上下五千年，中国的典籍由涓涓细流汇成汪洋大海。固然，现在通行的文字与古代的甲骨文、金石文及大小篆字在形体上有所不同，但这些古今文字是一脉相通的，稍加辨识，便可认读。

第二，中国是载体材料众多、最先发明造纸术的国家。

自从文字发明以后，图书的载体材料就成为图书发展的主要矛盾，各国先民都对此进行过多种探索。

我们的祖先曾把文字刻在龟甲和兽骨上，刻铸在青铜器上，甚至把整部的儒家经典、数千部的佛经镌刻在上万块石碑上。流通较广的当数刮削过的竹片和木板，因其取材广泛、价廉易得、整治方便，可以连缀成册，使用了很长的时间。与此同时还把文字写在丝织品上，称为帛书。帛书具有体积小、分量轻、携带方便、容量大等优点，只是价格昂贵，但却诱发了人们发明既有竹木之廉又有织帛之便的一种新型图书载体——纸张。在其他国家，曾把文字写在泥板上、砖石上，如两河流域的泥版书；写在植物茎叶上，如埃及的莎草纸、印度的贝叶经；写在动物的皮上，如欧洲羊皮书、犊皮书；刻在金属上，如金书、铅书等。这些材料基本上都属于自然物的简单加工，有的过于笨重，有的过于昂贵，有的极易损坏，不便保存。中国人发明的纸不再是一种自然物质。纸具有一切文字载体材料的优点，并且克服了各种的不便，是一种最理想的书写材料，这是中国人对世界文明的杰出贡献。

第三，中国书籍既注意实用，又注意美观，讲究装帧设计，很早就形成了固定的书籍制度，而且不断发展演变。

纵观中国图书形制的发展，可以由汉、唐为界划分为三个时期：汉代造纸术发明以前为竹简帛书并行时期，通行的是简牍的制度；汉以后至唐为纸写本时期，通行的是卷轴制度；唐代印刷术发明以后为印本书时期，后逐渐过渡到册页制度。

简牍制度是我国最早的书籍制度，它有如下特点：①时间长。竹木作为书籍载体几乎与甲骨、金石同时，不知孰为后先。纸发明后，竹帛仍与之并行几百年，直到东晋末桓玄下令，"古者无纸，故用简，今诸用简者宜以黄纸代之"，竹木作为书写材料的使命才逐步结束。②内容广。从经史文集、诸子百家到尺牍、版图、文书账册，历史上有名的发现就有孔壁藏书、汲冢竹书，近年又有居延汉简、云梦秦简、曾侯乙墓战国简，以及银雀山竹简、马王堆竹简等。③形式固定。从取材、整治、刮削、书写、编连、等齐、收卷，到长度、字数、函札、检、署、封泥等，逐渐形成定制。

卷轴制度受简策影响，于帛书时期产生。以汉初马王堆帛书为例便可看出，折叠、收卷、卷轴三种形式是并存的，"图穷匕见""鱼雁传书"均为帛书。到纸发明后，形成完整的卷、轴、缥、带四部分。卷轴制，一般用竹木做轴，隋代内府藏书考究者，精装用琉璃、象牙、玳瑁、紫檀等贵重质料做轴头。卷轴制后期由于卷舒展读不便，受梵夹装影响，由经折装、旋风装、龙鳞装等形式逐步向册页制过渡。

册页制度是印刷术发明后形成的。早期为蝴蝶装，元代

13

有包背装。明中叶后线装兴起，近代又有了精装和平装，沿用至今。若细分还有包角装、金镶玉等多种名称。

第四，中国是世界上拥有典籍最多、图书类型最丰富的国家。

中国的古籍就数量而言，有人估计二十五万种以上。据历代书目统计：汉代政府藏书就有一万三千二百多卷，明代宣德年间政府藏书一百万卷。

到了现代，仅上海图书馆编的《中国丛书综录》一部工具书就著录了保存至今的古籍三万八千八百九十一种。仅据《中国丛书综录》《中国地方志联合目录》《中国历代年谱总录》《历代医学书目提要》和相关的佛藏、道藏目录等几部书目，删去重复，就可以统计出我国保存至今的古籍，当在十万种左右。

中国典籍不仅数量多，门类也较复杂。汉代刘向、刘歆父子首创七分法。南北朝以后，我国古籍分成经、史、子、集四大部类。中国典籍浩如烟海，门类繁多，上自天文，下至地理，有经学、训诂、小学、音韵、史学、方志、家乘、法律、道藏、医药、农家、水利、文学、戏曲、小说、历法、推步等。

中国有许多其他国家没有的图书类型，如方志，是以地方为主的区域性、综合性、资料性的著述。英国学者李约瑟考察全球古书后发现，国外只有《不列颠》和《耶路撒冷城》等三五部书带有方志意味，其他则很少见，而我国现存旧方志就有八千五百多种，目前各地还正在编修新方志。

第五，中国是最早有目录和建立了目录学学科体系的国家。

我国第一部综合性分类目录是西汉末年刘向编的《别录》及其子刘歆完成的《七略》，这是世界上最早的分类目录。刘向父子的成果独具匠心，有极丰富的内容。《七略》除总序辑略外，还有六艺略、诸子略、诗赋略、数术略、兵书略、方技略，条理清晰、井然有序。略下分三十八个小类，系统完整，轻重平衡，创造性地运用互著别裁等方法，反映了当时在辑佚、校勘、编辑、整理、分类编目诸方面已有较高的学术水平。

刘宋时，王俭编《七志》，加道佛二经，实为九志，体系依《七略》，又不同于《七略》。梁人阮孝绪编《七录》，内篇为五（经典、纪传、子兵、文采、技术五章），外篇为二（道录、佛录）。

三国时魏人郑默编《中经》，西晋人荀勖据之编《中经新簿》，始创四分法。又经东晋李充的调整，至《隋书·经籍志》，已有按经、子、集排列类名及细目的系统书目。

清代乾隆年间官修《四库全书》，四分法已臻完善，类目更加分明。四分法沿用近二百年，至今整理古籍仍沿用经过改编的四库分类体系。但该体系有以尊崇儒道、褒贬得失为宗旨，以阐圣学，明王道者为立，不以百家杂学为重的一面，也应有所分析批判。

郑樵在《通志·校雠略》中突破四分法，总古今有无之书，分为十二大类，有所创新，并提出较系统的分类理论，作出了突出贡献。

在古籍编目上，有官修目录、私藏目录、史志目录、专科目录、特种目录等，每类均有其特点、源流及价值。特种目录又可细分为个人著述目录、地方文献目录、丛书目录、禁书目录、刻书目录、版本目录、善本目录、举要目录、解题目录、辨伪目录等。仅清代的版本目录就有钱曾《读书敏求记》、黄丕烈《士礼居藏书题跋记》、张金吾《爱日精庐藏书志》、顾广圻《思适斋集》、邵懿辰《四库简明目录标注》、莫友芝《郘亭知见传本目录》及杨守敬《日本访书志》等。

第六，中国的图书屡遭厄运，损失惨重，因此也在典籍保护方面积累了不少经验。

隋代牛弘有"五厄之说"：一为秦始皇焚书，二为西汉末赤眉入关，三为董卓移都，四为刘石乱华，五为周师入郢梁元帝自焚。明代胡应麟又续上"五厄"：唐武德元年（六一八）江都焚书为一，安禄山入关为二，黄巢入长安为三，靖康之难为四，南宋末伯颜南下，军入临安为五。实际远不止此。明代以后，近人祝文白又续上"五厄"：一为李自成之陷北京，二为钱氏绛云楼之烈焰，三为清高宗之焚书，四为咸丰朝之内忧外患，五为民国中日之战役。

古代公私藏书的官吏和专家为保护典籍作出了不朽的贡献。春秋时的老子为公藏职官——柱下史，有人称其为最早的图书馆长。"学富五车"的惠施也是早期私人藏书家。

现存最早的皇家档案馆——明嘉靖年间所建的皇史宬，至今保持"金匮石室"的传统，并有防火、防水、防盗、防虫、防晒等许多保护图书的措施。

现存最早的私人藏书楼——宁波范钦天一阁，也为明嘉靖年间所建，有许多保护图书的手段和定制，而且直接影响到清代乾隆时为藏《四库全书》所建的七阁。除七阁外，清代故宫、圆明园中还各有十余处藏书楼。

历代藏书家和藏书楼不胜枚举，清末四大藏书家为：常熟瞿氏铁琴铜剑楼，聊城杨氏海源阁，湖州陆氏皕宋楼，杭州丁氏八千卷楼。可惜他们的家藏，有的毁于兵火，有的流散海外，保存下来，实属不易。

第七，中国是最先发明印刷术，包括雕版印刷、活字印刷和套版印刷三种技术的国家。

在文字载体材料的矛盾随着造纸术的发明而得到解决的同时，图书复制生产技术逐渐上升为主要矛盾。手工抄写，不仅费时费工，而且极易出错，严重地阻碍了图书的传播流通。经过多方探索、反复实践，在捶拓和印章等技术的启发下，我国古代劳动人民发明了印刷术，对世界文化又作出新的贡献。

古代印刷可分雕版、活字、套版三种类型。

雕版印刷起源于佛教寺院和民间坊肆。具体时间有东汉、东晋、南北朝（北齐）、隋、唐、五代和宋代七种说法。前三种证据不足，后两种已被文献实物推翻，只有隋唐之际较为可信。唐代印刷品实物与文献记载较为丰富。从中可考见印刷术发明轨迹。一条是以单幅佛像——密宗经咒——图文并茂的佛经为脉络的寺院刻书；另一条是以民间历书、字书、小学、阴阳杂书为主的坊肆刻书，而且很快传到南朝鲜和日本。

活字印刷发明于北宋庆历年间。布衣毕昇的胶泥活字印书法，在沈括《梦溪笔谈》中有详细记述。南宋周必大、元初杨古、清代翟金生均用泥活字印过书。元代王祯发明木活字，明代用来印家谱、邸报。清代金简印《武英殿聚珍版丛书》。明代锡山华氏和安氏用金属活字印书，成果显著，最大部头的铜活字印本为清雍正年间印的一万零四十卷的《古今图书集成》。

套版印刷的发明时间过去认为是元代，现据一九七四年山西应县木塔所出的辽代印刷品彩印《释迦牟尼像》可知为宋辽时期。明代饾版、拱花技术发展较精，除吴兴闵氏和凌氏外，颜继祖的《萝轩变古笺谱》，胡正言的《十竹斋画谱》《笺谱》，及清代李渔的《介子园画谱》都十分出色。

第八，中国是出版印刷发行事业最先发达的国家。

图书的价值与作用就在于其能传播知识、传递信息，所以自它诞生之日起就有流通利用的问题。早在春秋之际，公私藏书就已对贵族和有阅读能力的人开放，活跃了当时的学术思想。汉代国家藏书控制较严，私藏流通率较高，故培养了一批经学家。纸发明以后，图书更为普及，西汉末出现了槐市书肆，并有了一批以抄书为业的佣书或经生。

张骞出使西域后，我国与外国图书交流增多。魏晋南北朝时，多次送书与百济、新罗、日本、扶南（柬埔寨）。唐代与印度、尼泊尔、斯里兰卡、阿拉伯、东罗马都有图书文化交流。

印刷术发展后，图书流通更加便利。中国古代的刻书出版事业可分官刻、私刻、坊刻三大系统及寺院、书院两个旁支。

官刻即政府刻书，又分中央与地方两个方面。中央官刻始于五代冯道奏请刻儒经。前期以国子监刻书为主，后期转到以内府为主。两宋有各院、监司。元代有兴文署。明代有司礼监、经厂本、各部院本。清代以武英殿为多。

地方官刻，宋代遍及全国。以公使库本最著名。明代除各地布政使司、按察司外，藩王府本别具一格。清代前期地方政府刻书极少，后期各地官书局曾兴盛一时。

私刻即私人出资刻书，也称家刻，始于五代杜审知、毋昭裔。宋代文人豪绅以藏书刻书为风，如陆游之子陆子遹、岳飞之孙岳珂等。毛晋汲古阁是我国古代最大的私人刻书家，四十年刻书六百种。清代乾嘉学派以考据、校勘、辑佚为长，多刻丛书。

坊刻即民间以刻书卖书为业者，起源最早，子承父业，世代相沿。我国有许多刻书数百年的世家，仅福建建阳就有余、刘、蔡、郑、陈、虞、熊等诸族。他们刻书内容面向民间，形式多变，适合民众需要，为传播保存文化立下不朽功绩。有的民间刻书家集撰著、编辑、印刷、出版、发行诸工序为一身。如熊宗立、余象斗等，形成各自的经营特色。由于书市生意兴隆，公私藏书开始出现借阅流通。宋辽西夏金元时，虽政府屡颁禁令，但图书交流从未停止。公私藏书在编史修志办书院等文化活动中也发挥了重要作用。明嘉靖后，耶稣会士东来，西籍翻译活动展开，利玛窦、汤若望等与中国士大夫合作译书。同时，图书大量向外输出。清代后期又有马礼逊等传教士译书，政府开设了同文馆、上海江南制造局译书处。至清末又出现了商务印书馆等私营出版机构，形成了民间译书高潮。

大多数藏书家藏重于用，明清之时也有少量开明之士，如曹溶《流通古书均》提出流通古书的理论和办法。到了近代，古代藏书开始向图书馆过渡。

第九，中国的版本、校勘、辨伪、辑佚等治书之学发达，硕果累累。

前人留存下来的文化遗产中，由于各方面原因，夹杂着大量真伪难分的典籍。要正确地利用它们，就需要认真地考辨，这种学问叫辨伪。有些古籍虽然已经亡佚，但却有零篇断句或较完整的章节"隐"于其他书籍之中，要把这些篇章、语句搜辑起来，恢复古书部分原貌，这种学问叫辑佚。一部书由于多次传抄、印刷，形成不同的本子，要想得到正确无误的书籍，就要讲究鉴定各种不同的版本，这种学问叫版本鉴定。

一部书在流传过程中，往往有脱、缺、讹、衍等现象，即非本来面目。误用这些资料，就要致谬，故研究学问不但要有版本知识，还要做校勘工作，又称校雠。

这几门学问都是围绕图书展开的，故统称治书之学。治书之学大体始于汉，兴于宋，到清代达到鼎盛。乾嘉时期涌现一大批版本校勘名家，如卢文弨、黄丕烈、孙星衍、何焯、惠栋、全祖望、沈廷芳、戴震、钱大昕、王念孙、阮元、顾广圻、鲍廷博、罗士琳、吴骞等，他们在古代文献的辑佚、整理、校勘上作出了杰出贡献。

第十，中国古代编纂了许多可称得上世界之最的巨帙大书。

巨型类书丛书的编纂是古代中国博大文化事业的重要组成部分，直接显示了中国古代文献的宏富、图书事业的兴旺发达。中国最早的一部类书是三国时魏文帝曹丕令儒臣编的《皇览》。唐代有《北堂书钞》《艺文类聚》《初学记》《白氏六帖》四大类书；宋代又有《太平御览》《册府元龟》《文苑英华》《玉海》四大类书。进入明代，明成祖朱棣令解缙、姚广孝等编纂的《永乐大典》，引书八千多种，堪称世界上最早、最大的百科全书，计二万二千九百三十七卷，一万一千零九十五册，三亿七千万字。

清代康熙年间，陈梦雷编辑的《古今图书集成》贯通古今、汇通经史，天文地理皆有所记。全书六汇编，三十二典，六千一百零九部，一万零四十卷，一亿六千万字，是现存最大、最完整的古代百科全书，被外国称为《康熙百科全书》。

另一个大部头，是清乾隆年间官修的《四库全书》。收书三千四百六十二种，七万九千三百零九卷，存目六千七百六十六种，九万三千五百五十六卷；一部就有三万六千册，二百二十九万页，九万九千七百万字，集中国古代典籍之大成，称得上是世界之最。

第一章　历史悠久　一脉相承

一、汉字的产生

汉字的产生对于中国文化的发展起着决定性的作用。汉字是怎样产生的，是什么人发明的？对于这个问题，历来有不同的说法，最为流行的是"仓颉造字"说。

（一）"仓颉造字"

关于"仓颉造字"的传说，早在战国时期就已经广泛流传。《韩非子》《淮南子》《说文解字》等书中都认为仓颉创造了文字。司马迁、班固等史学家认为仓颉是黄帝的史官。还有的史籍，如《论衡》中说仓颉长着四只眼睛，"仰观奎星圆曲之势，俯察龟纹鸟迹之象，博采众美，合而为文"。

但是，对于一种独立发展又有相当久远历史的文字来讲，它是不可能由一个人在较短的时间内发明的。在原始社会，生产水平和文化水平都极为低下，文字的产生需要一个相当长的过程，任何人都无法经历如此之长的过程，所以，仓颉造字之说是不可信的。我们还可以举出一个简单的例子来说明早期文字成于众人之手，而非一人独创。中国的早期文字，无论是甲骨文还是金文，都有许多异体字。也就是说，同一个字有几种甚至十几种不同的写法，如果是仓颉一个人发明，他为什么要给自己和别人制造这么多麻烦？荀子就曾经认为，古时候，创造文字的人很多，文字是众人发明的，而仓颉的名字为什么单独流传下来呢？因为他做了一些整理文字的工作。也就是说，在仓颉以前，文字已经产生，不过当时的文字还在初期阶段，殊体异形，没有定制，而仓颉的功劳正在于对这种形体不一的文字进行了整齐划一的工作，因此他的名字世代被人们称颂。

从"仓颉是黄帝的史官"这一说法，我们还可以分析出，文字记录与古代的史官关系密切。至于仓颉的活动范围，现在，在山东寿光，河南开封，河北南乐，陕西长安和白水等地都有仓颉墓、仓颉庙和仓颉造字台等遗迹。其中以陕西白水县的仓颉庙规模最大，长安县的仓颉造字台保存尚好。尽管这些古迹都是后人根据传说附会后造出来的，但是也从另一侧面说明，造字活动波及地域之广，以及人们对文字发明者的崇敬。

仓颉本人曾被人们神化。《论衡》说仓颉长四只眼睛,《淮南子》中说仓颉造字时天上下小米,夜里鬼哭泣。这种想象虽离奇荒诞,但其中却孕育着深刻的含义。人都只有两只眼睛,而仓颉却比普通人多生了一对眼睛,无怪乎他能仰观天文,俯察地理,辨鸟兽之迹,见常人之所不见,造出文字来。仓颉造出文字后,人的能力空前提高。人们利用这位比常人多一双眼睛的仓颉的发明,不仅能看到千百里之外发生的事,而且能够看到千百年前发生的事。这岂不是给世人也多添了一对神奇的眼睛吗?至于"天雨粟,鬼夜哭",则是对文字威力的形象化赞歌。文字的发明,使千百万人的经验得以流传,也使那些在黑暗中活动的魑魅魍魉无所逃其形,无处隐其身。在文书上、历史上,永远记录他们的劣迹、罪恶,鬼怎能不躲在黑暗的角落里流泪哭泣呢?

因此,我们既不能将仓颉造字当作史实,也不能把它当作迷信简单地完全摒弃,而应把它看作对现实事物所作的非现实的反映。这反映了人民对发明文字的祖先的无限景仰和钦佩,也表达了对文字产生及其价值的高度评价。把发明文字的功劳归于仓颉,正像说伏羲发明畜牧、后羿发明弓箭、神农后稷发明种植、夏禹的父亲鲧发明筑城一样,并不是在

第一章　历史悠久　一脉相承

他们之前没有这些活动和成果，而是后人将祖先的创造力人格化，赋予一身，这些传奇才如此神奇动人、流传不断。

（二）文字产生的基础

我们认为文字的产生，首先是社会发展的需要，它必须有两个基础：语言和实物。没有语言，便没有文字。文字依附于语言而存在，是记录和传播语言的工具，这早已成为众所周知的道理。

人们也曾用实物来传递信息、表达感情。这种方式的特点是直观，不用旁人多加解释。据古希腊历史学家记载，古代波斯人曾接到北方斯西德人的一封"信"，里面有一只鸟、一只老鼠、一只青蛙和五支箭。这封信表达的意思是：波斯人听着！你们能像鸟一样高飞、像老鼠一样在地下活动、像青蛙一样跳进池塘吗？如果不能，那你们就休想和我们打仗，当你们踏上我们国土时，我们就用箭射死你们！

我国历史上也常常看到一些用实物传递信息的画面：吴王夫差赐伍子胥剑，是示意让他自刎。唐明皇赠杨贵妃细盒和金钗，是象征两人要永远厮守，不分离。送给流放者以"环"（还），表示结束放逐，允许回来。出示"玉玦"（决）示意永别或促使对方下决心……这些虽然是在有了文字以后的事，但也可看作古代以实物传递信息的遗风。

时至今日，用插草标表示出卖、用烽火表示战争警号、信上插鸡毛表示十万火急等，在某些民族中依然存在，并得到社会的共同理解，约定俗成，无须解释。但是这类象征性的实物毕竟数量太少，而且范围也有限。复杂的大千世界以及人世间的种种感情、意念、行为，很多是难以用实物来表示的，而且这些记事的实物多了也不易保存，这就促使人们进一步探索，于是便产生了后来的象形图画，并成为文字的源头。

（三）文字产生的过程

从语言、实物到文字，在这一漫长的过程中，为了帮助记忆，记录和传播知识信息，人们进行了多种尝试，结绳记事、契刻、图画和刻画符号是文字产生的重要步骤。

所谓结绳记事，就是用绳子打结来帮助记忆。世界上许多民族都曾利用过这种方法，我国的古书上就有许多"上古结绳而治"的记载。例如《庄子》中说："昔者……民结绳而用之。"直至现代，这种结绳记事的方法在我国边远地区的一些少数民族中还在使用，如云南的哈尼族、西藏的门巴族、台湾的高山族等。哈尼族买卖田地时，就用单股麻绳打结来标志田价，买卖双方各执一根，以为凭证。在国外，波斯人、墨西哥人、秘鲁人也都使用过结绳记事的方法。

第一章　历史悠久　一脉相承

契刻，是在竹、木等材料上刻上各种痕迹和记号，用以记事或帮助记忆。这也是古今中外曾广泛使用过的方法。古代双方订约时，将两块木片合拢起来，在上面划刻记号，双方各执一块，以帮助记忆，并有符信之意。《易经》、《北魏书》、《隋书》等古代史书中还记录了当时我国一些少数民族"无文字，刻木记契"的情况。直至近代，某些少数民族仍有采用此法的。云南省博物馆曾收藏有佤族的一根传代木刻，木头两侧刻有许多缺口，每一缺口代表着一件事情，以刻口的深浅表示事情的大小。据说每年在吃新米的时候，便拿出这块刻木，由一位长者叙述每一刻口代表的事件，人们借此得知本村的历史和其他各种事情。

契刻同结绳一样，留下的只是代表某件事情的符号，而不是语言符号。它只能唤起对某种事情的回忆或想象，而不能表达抽象的思想和概念，只能记事而不能达意。因此，它虽然有着帮助记忆的作用，但还不是知识的具体记录。

图画是文字发展的重要阶段。由于劳动和生活的需要，上古人常把所观察到的和自己生活有密切关系的事物画在所居住洞穴的石壁上。起初，这些记事的图画是非常生动而逼真的，人们一看便知道画的是什么。如想要人知道所说的是鹿，就精心地画出一只鹿。有时还同时画几件东西来表示一件事情。但时间久了,当人们习惯了这种图画之后,就不再画得那么复杂、细致,只用几根线条勾勒个大概轮廓,把原来画的复杂图画简化成一定的图案符号,人们见到这个符号,也就知道它所代表的是什么了。这样,图画就逐渐脱离了对具体事物的描绘,变为事物的一般意向的代表,可以拿它所代表的事物的名称来称呼它。于是,图画便和语言相结合而成为交流思想的工具了。这就形成了原始的图画文字或称图形文字。

刻画符号和刻画文字大约出现在原始公社的后期,即新石器时代的发达阶段。在公元前四千年的仰韶文化和其后的龙山文化遗址中,都曾发现了这种刻画符号和文字。在我国山东莒县陵阳河和大朱村出土的陶器上,发现刻画符号十八个,可以归纳为八种,我们举四个为例:

不少学者认为它们就是文字,于省吾认为第一、二为"旦"字,第三为"锛"字,第四为"斧"字(于省吾《关于古文

字研究的若干问题》，载《文物》一九七三年第二期）。唐兰先生认为第一为"炅"字，第二为"炅"字的繁体，第三为"斤"字，第四为"戌"字和"戉"（古为一字）（《文物》一九七五年第七期）。也有的学者认为是"代表个人或氏族的形象化的图形标记"。它们属于山东大汶口文化晚期，约为公元前二八〇〇至前二五〇〇年。我们将其与更晚一些的甲骨文及金石铭文相对照，可以发现它们有许多相似之处，特别是有些刻画符号，与青铜器上表示族徽的文字就更为相似。从我国历史文化发展的过程来看，这种陶器上的刻画符号和刻画文字与汉字的产生、发展是有着密切的渊源关系的，它们是汉字的始祖，是我国文字的萌芽阶段。

二、图书起源

（一）"河图洛书"的传说

关于我国图书的产生，还有一个近似于神话的传说，即"河图洛书"。中国最早的古籍《易经》中就有"河出图、洛出书"的记载。另一部古籍《尚书》中也有同样的说法。有人进一步解释说：伏羲统治天下时，有龙马从黄河出现，背负"河图"；有神龟从洛水出现，背负"洛书"。伏羲根据这种"图"和"书"画成八卦，就是后来《周易》的来源。

我们今天所见到的《河图》《洛书》，是由一系列的神秘符号所组成的数字方阵。它们是经过周、秦、汉几代儒生方士之手加工后的形态，其原始面貌已无从知晓了。有人认为它是古代游牧民族所画的立体的天象图（《内蒙古师范学院学报》一九八九年第六期）；还有人认为它是由自然界的天然痕迹——龟甲发展而成的抽象符号，是中国第一部图书（《大学图书馆通讯》一九八八年第四期），并认为《河图》与《洛书》在中华文明史上曾起到过重要的启蒙作用。华夏文化的源泉也可以说就是"河洛文化"，而《河图》《洛书》则是河洛文化的初基。它所建立的辩证思维的模式，对后世的思想、哲学、文学和科学都有重要的影响。孔子曾说过："河不出图，洛不出书，吾已矣夫！"（《史记·孔子世家》）

传说和神话并不是历史，但它是历史的产物，在一定程度上反映了历史。为此我们可以得到这样一些启示：在文字发明以前，就先有了图画和一些简单的符号作为传播信息的工具。我国文明的最早发生之地是在黄河、洛水一带的中原地区。

（二）图书产生的时代

有了文字，就有了创造书籍的基本条件。当然并非从有文字开始就有了书籍。人们最初利用文字，不过是用来弥补

第一章 历史悠久 一脉相承

生活劳动中语言的不足,促进思想感情的交流和信息的传递,借以唤起共同的行动。当人们开始有意识地将文字刻写在各式各样的材料上,借以记录经验、阐述思想,并使之传播久远的时候,书籍便开始出现了。

我国书籍最早出现于何时,现在很难作出较准确的结论。我们至今尚未发现夏朝的文字和文献实物,根据其他文献判断分析,很可能就是在夏这一历史时期——公元前二十一世纪至前十六世纪,完成了由文字到文献典籍这一历史性的转变。其论据有七条:①《史记》和《竹书纪年》都载有夏代帝王的世系表,尽管两者不尽相同,但大同小异。这说明两者是以同一份原始文献记录为依据的。而且,在殷墟甲骨文发现后,王国维据卜辞中殷商的先公先王世系考证出《史记》中的《三代世表》是"信史",因为夏代诸王与商先王刚好是同时代的人,都在距今四千年左右。②我国现存最早的史书《尚书·多士》中有这样一段话:"惟殷先人,有册有典,殷革夏命。"这是武王灭商后,周公对殷商贵族的训话,大意是:你们殷的先人,在推翻夏朝时,已有典籍,记载了这段史实。③殷墟甲骨文是较为系统成熟的文字,其数量、规模及完备程度说明它已经不是早期原始文字,一定是经过了若干年的发展。特别是一九八三年又在西安西郊的一个原始社会遗址发掘出一批更早的甲骨文,时间是四千五百年至五千年前。这批甲骨文字体细若蚊足,字形清晰,刚劲有力,结构严谨,更新了人们的传统观念。据考证,这批早期甲骨文比殷墟甲骨早一千二百年,比夏朝还要早五百年以上。④夏代,人们为了发展农业生产,总结并掌握了一定的天文历法知识,以十二个月为一年,有大小月之分,大月三十天,小月二十九天,还懂得了十九年置七个闰年。夏代的历法称"夏历"和"夏小正",夏历以寅月为岁首。春秋时,孔子曾主张"行夏之时"(《论语·卫灵公》)。⑤在《竹书纪年》和《世本》等古书中,有"夏发七年,泰山振","夏桀十年,夜中星陨如雨"等记载,这也是世界上关于地震和陨石雨的最早文字记录,可作为夏代有文献记录的旁证。⑥《吕氏春秋·先识览》载:"夏太史令终古出其图法而泣之……乃出奔如商。"该书写成之后,曾公布于咸阳城门,声称能增删一字者,赏予千金。可见这段史料的来源不会毫无根据。⑦《国语·晋语》载:晋文公时,阳人犹"有夏商之嗣典……樊仲之官守焉"。《国语》亦是一部严肃的史书。上述诸条虽为旁证,但足以说明夏代有典籍并非无稽之说。

三、掌书史官

分析图书起源这一问题，除上述的文字、图像符号和下一章展开叙述的物质载体及其形制以外，还需要一个重要的因素便是掌书之人。我国早期的文字和图书与史官的联系十分密切，这也是中国图书的一大特点。

我国古代把掌管文字记录的专职人员通称为"史"。"史"字象征右手持物，至于所持为何物，则有许多不同的解释。清代吴大澂说是简策；江永说是官府的书籍；王国维说是盛策之器；马叙伦说是笔；劳榦说是弓钻，这弓钻也是为钻灼卜骨之用。总之，这些解释尽管有异，但有一共同点，都与文字和图书有关。王国维说"史"是专门保管、研究及写作的官吏，它的另一个名称是"作册"，负责起草册命和记录宫廷中的重要事件、天子诸侯的言行和政府各机构的种种活动。很多金文和古籍中常有一个公式化的句子："王若曰……"就是说，这些文件不是王自己写的，而是史官受命而作。

史官既要记录帝王言行和军国大事，又要负责管理政府的各种档案图籍，还要从事宗教事务，负责占卜、祭祀等迷信活动。因此，他们身边积累了大量档案文书资料，他们是当时最博学的人，修史重任自然落在他们身上。

传说中造字的仓颉就是黄帝的史官，这也是历史的反映。

三代之际，史官人数渐多，分工更加细密。我们可以从甲骨文、金文及早期典籍中找到众多的史官名称，如夏代的太史令，殷商的贞人、作册、史、太史、内史，周代的大史、小史、内史、外史、左史、右史等。这些史官各有所职，如"大史掌国之六典，小史掌邦国之志，内史掌书王命，外史掌书使乎四方，左史记言，右史记事"。（《史通·史官建置》）各诸侯国也设有史官，开始由周王室委派，所记材料也要送交王室保存。春秋战国时期诸侯崛起，王室衰微。各诸侯国自立史官，利用自己的纪年来记载历史，以示独尊。于是出现了鲁国的《春秋》、晋国的《乘》、郑国的《志》、楚国的《梼杌》等上百种史书。生逢其时的孔子曾派他的弟子"求周史记"，"得百二十国宝书"（《公羊传疏》）。墨子也自称"吾见百国春秋"。可见当时各国官修史书之盛。

史官的职位是世袭的。世守其职的家族，通常有一个与书籍或记录保管相关的氏名。诸如简、籍、史、董等。《左传·昭公十五年》记载公元五二六年，晋国有一史官的后人名叫籍谈，虽然相承了祖先的姓氏，却不知自己家庭的历史，周景王讲述了其姓氏的来历后，讥讽其"数典而忘祖"。

我国早期文献还常常有史官逃往他国，并把图书典籍带走的记载。《吕氏春秋》记载了夏太史令终古在夏桀不听其

第一章 历史悠久 一脉相承

哭谏后，携图法出奔如商。殷内史向挚，见纣王迷乱，载其图法出亡之周。太史公司马迁在《史记·自序》中也说他的祖先曾世袭掌管周室典籍。公元前七世纪中叶，"司马氏去周适晋"。这些历史记载由于出自史官之手，大都偏袒史官，而斥责统治者迷惑淫乱。这种逃亡大都带有出卖情报的性质。在朝代交替之际，更显示出图书典籍在统治者争权夺位中的重要性，也说明图书档案保管者——史官举足轻重，他们带着重要的国家档案、地图等逃亡，有时促使旧王朝削弱和倾覆。秦末汉初，刘邦攻入咸阳，众将争夺金银财宝，唯独萧何先入秦丞相府、御史府收集图籍文书而宝藏之。其后，汉王刘邦之所以对天下厄塞、户口多少、强弱之处、民间疾苦全都了解得清清楚楚，就是因为有萧何从秦丞相府和御史那里得到的地图和文书档案。这也从另一角度说明了图书的重要性。

秦汉之际，太史令实掌史职，秦有胡毋敬，汉有司马迁等。东汉又有兰台、东观之设。这两处既是朝廷的档案、图书馆，又是官修著述之所。明帝曾以班固为兰台令史，诏撰国史。与《史记》、《汉书》并称为"三史"的《东观汉记》就是我国第一部由众多史官集体编修的史书。它开创了政府组织史官集体编史书的先例，为后世史馆的出现奠定基础。曹魏明帝太和年间，始置著作郎及佐郎，专掌国史。到北齐时，改称史阁，又称史馆——国家专门修史机构，后经唐代的发展完善，形成较为完善的史馆修史制度。宋代史馆分置有国史院、实录院、日历所、会要所等机构。史官有修撰、直馆、编修官、检讨官等名目。元、明、清三代，改置翰林院，史官则设修撰、编修、检讨等掌修国史。除常设机构外，还有临时性特开史馆、名目繁多。

我国古代形成了为前朝修史的传统，"国可亡，史不可亡"（《元史·董文炳传》）。历代统治者非常重视历史的连续性和继承性。各类史籍，品种繁多，体例多变。其中，以《史记》为首的纪传体正史绵延数千年。一部二十四史，篇帙长达三千二百五十九卷，上下五千年，是举世无双的一部通史百科全书。又如在编年体史书中，历代共修实录一百一十六部，仅《大清实录》一种，就有四千三百五十五卷。

史官在我国一直受到极大的尊崇，常由皇帝挑选任命，有的皇帝如唐太宗、明太祖等还亲自拟定编修规则，参加修史活动。历代最高统治者为什么如此重视修史活动，并把它制度化呢？其原因有四：

一是为借鉴前期经验，以史为鉴，垂训后世，以达到继往开来的目的。

二是为前朝修史，证明新朝的合法地位，自圆其正统之说，以争取民心。

三是为点缀升平，铺张门面，笼络士人，特别是那些"不食周粟"的前朝遗老，消磨他们的敌对意识。他们在其他方面断然与新朝誓不两立，极难合作，唯独在编修故国之史这一点上，心情复杂，尚可通融，他们带着怀念、留恋、悲愤之情，投身其中，唯恐忠奸不分，是非颠倒，他们熟悉旧朝史事，多少可抑制新朝史官对前朝历史的歪曲贬低。

四是为控制褒贬大权，惩恶扬善，垄断舆论，为本朝统治者歌功颂德，树碑立传，以巩固王朝统治。

历代相沿的修史制度，保证了我国史书上下衔接、绵延不断。这仅是我国图书的一个缩影。我国整个图书文化事业都称得上历史悠久、一脉相承，这一点，是世界上任何一个国家都不可比的。

第二章　载体众多　贡献杰出

文字发明以后，就出现了这样一个问题，把它写或刻在什么样的载体材料之上才更便于保存和流传呢？在书写材料的发展史上，中国人的贡献是巨大的，像陶器、兽骨、青铜、玉石等，虽然其他民族也曾采用，但都没有像中国人使用得那么普遍、那么精巧、那么久远，至于竹木简牍和丝织缣帛，在其他国家和地区还很少发现，只有中国大量应用于书写，并把它们制度化。而且综合了两者的优点，扬弃了双方的不足，发明了造纸术。这一贡献，更为杰出。

一、陶器款识

陶器，即陶制器皿，是一种质地较粗且不透明的黏土制品，经成型、干燥、烧制而成。陶器在新石器时代即已大量出现，是当时人类的主要生活用品之一。砖瓦和封泥也可归

第二章 载体众多 贡献杰出

入此类。

在陶器上刻画的符号和文字称为陶文。可分几种情况：一种是在泥土还柔软时写画的，或以刀刻，或以印章印上的；一种是以模铸而成；还有的是在烧制后再刻画而成。这类文字通常都不很长，再加上符号文字较为原始，以至人们往往不把陶器作为一种书写材料对待。陶文确实很少形成图书的规模，但作为文字的载体，还是不容忽略的，正因其较为原始，称得上是研究我国文字起源的重要资料。至于春秋战国以及秦砖汉瓦上的陶文款识，是研究我国书法艺术的重要资料。

我国最早的陶器，如西安半坡村和甘肃辛店的彩陶，距今已六千多年，其上有类似文字的符号。山东大汶口文化遗址中所发现的图画文字，已被认定为我国最早的文字。安阳出土的一些殷代陶器上也有粗简的单字，多是数字或器物主人的名字。有一片碎陶上，发现一个以笔墨书写的大字——"祀"（石璋如《第七次殷墟发掘》，《安阳发掘报告》第四本七二四页）。目前发现的古陶，大多是周代，特别是战国时代之物。一八七六年，大量古陶在山东临淄、济南出土，是由农人耕作时无意掘出的。著名收藏家陈介祺大量收购后，按其上载字多寡计值，字数由一字至十七、十八字不等。一九六二年至一九六三年间，秦都咸阳遗址陆续发现五十余种陶器上打印的陶文，其中有数字、单字、四个字、六个字不等（《秦都咸阳陶文》，《文物》一九六四年第七期）。根据现存古陶、陶文字汇仅八百余个，已辨识者不到半数。陶文多为制造人或器物主人的名字、官衔、年代、地点等专有名词。排行顺序极不规范，下行、左行、右行，甚至倒书者均有。个别单字写得奇形怪状，部首位置也不一致，正是秦始皇统一文字以前的实际写照。

到了秦汉时期砖瓦上的文字，多为吉祥语，也有宫殿、庙宇、陵寝、水井、道路的名称。如羽阳千岁瓦、兰池瓦当。瓦当文多四字，如"千秋万岁""长乐未央"，多者有十二字的，如"维天降灵，延元万年，天下康宁"。字体多篆书，装饰味极浓，间有隶书。北京历史博物馆收藏的一块秦砖，约一尺见方，一寸左右厚，上刻"海内皆臣，岁登成熟，道无饥人"。这已能表达一个比较完整的主题思想了，但仍不能称为图书。

二、甲骨卜辞

人们较早用作书写材料的是甲骨，甲是龟甲，骨是兽骨，特别是牛的肩胛骨。甲文和骨文合称甲骨文。这种文字记录最早发现于商后期盘庚迁都至殷（今河南安阳小屯）的废墟遗址，因而也称殷墟甲骨。其内容主要是殷王朝的占卜记录。

（一）甲骨文的内容

殷人十分迷信，生活中的一切大小事情必须请问上帝神和他们的祖先，如对于田猎、农事、天象、年成、征伐、疾病、祭祀等事，都要进行占卜，而且一件事往往要从正反两方面反复地卜问。郭沫若《殷契粹编》说："殷人一事必数卜，或卜其正，或卜其反，或卜如此，或卜如彼。"甲骨文的内容涉及殷人社会生活的许多方面，所以它是研究殷代历史的主要资料。殷人之所以敬天，一是对许多自然现象无法解释，由无知而恐惧，由恐惧而产生崇拜心理，认为上天有绝对权威；二是认为天亦有情，敬之则吉，不敬则祸；三是认为自己的祖先也是上天所赐。《诗经·商颂》说，"天命玄鸟，降而生商"，无怪乎殷人如此敬天了。

除了卜辞之外，甲骨文中还有记事的刻辞，如记载的战争中俘虏数字、田猎收获多少、封赏和祭祀情况等就同占卜无关了。单独的记事刻辞多刻在兽骨上。

近代考古学家研究了甲骨刻辞后认为，殷墟甲骨是公元前十四世纪至公元前十二世纪前，即盘庚迁都到帝辛（纣）灭亡时期，前后共二百七十多年中的文字记录。

（二）甲骨文的发现

关于甲骨文的发现有两种说法：一说清光绪二十五年

（一八九九）国子祭酒王懿荣因为生病，派人从达仁堂抓中药，发现了这种"龙骨"。他是位金石学者，精通青铜铭文和古文字。他认为这种带有刻纹的"龙骨"可能是一种古文物，于是大力收购。另一说是一八九八年天津两个叫王襄和孟定生的秀才，辨认出甲骨是古代遗物，称之为"古简"。实际上殷墟甲骨由小屯村农民发现，清代光绪后期研究金石等的人已开始搜集，到了一八九九年由于王懿荣高价收买，引起人们的重视。一九〇三年，刘鹗将其藏挑选了一千多片影印出版，书名《铁云藏龟》，第一次将甲骨刻辞公布于社会。新中国成立后，甲骨的发掘与研究取得了更大的成就。据胡厚宣一九八四年的统计，目前收藏的甲骨有十五万片左右，发现的甲骨文字有四千五百多个，其中将近一半已被认识。目前研究甲骨文的中外学者有四百多人，发表的论著有一千多种。

（三）甲骨的整治与契刻

占卜在古代是很严肃的事情。占卜有一定的程式。卜前要做好各种准备，要对龟甲、兽骨进行整治。整治的方法是：刮去龟的腹肠成为壳，或刮去骨上的皮肉只存肩胛骨，然后在甲骨反面有规律地钻成一个个圆孔，在孔旁再凿成梭形凹槽。占卜时由卜人用点燃的树枝在圆孔中央或凹槽旁边灼烫，经过烧烫，甲骨正面相应的部位就显出了字形的裂纹。这种裂纹就是卜兆。卜人根据裂纹的长短、粗细、曲直、横斜来判断吉凶。占卜以后把占卜的时间、卜人名字、卜问的事情,以及占卜的结果、占卜的应验等刻在卜兆的附近,叫作卜辞。

甲骨上的文字多少不等,少的三五个,多的几十个。胡厚宣《甲骨文概要》认为,卜辞大概可分为叙辞、命辞、占辞、验辞四部分。

（四）甲骨文的新发现

以前认为甲骨文是商代中后期专有的文字,事实上,夏、商、周三代,甚至三代以前就已经有了甲骨文。一九八三年在西安附近发现的一处龙山文化时期的遗址中,意外地发现了甲骨文。经专家研究初步鉴定,这批甲骨文是四千五百年至五千年前的产物,大致相当于传说中的黄帝时期。从字体上看,这批甲骨文字体很小,笔画繁多,笔锋刚劲,刀法朴拙,字体结构严谨优美。这些特点与殷墟甲骨文基本接近。有些文字现在已经认出,但多数目前还无法释读,这次发现无疑是一次重大突破。

周代甲骨的第一次发现是在一九五四年山西洪洞县,有两块卜骨,其中的一块上刻有八个字。截至一九八〇年初,至少有四次周甲骨出土。陕西长安丰镐遗址、北京昌平、陕西岐山和扶风间周原遗址,以及河南洛阳都先后出土周甲骨。其中以一九七七年陕西岐山所发现为最多,一次出土一万七千多片。从甲骨文内容来看,这批甲骨文是西周前期的遗物。

甲骨文是至今发现的我国最早的系统成熟文字。它的发现对古文字学和古代社会历史的研究均有重大的意义。有人认为,仅从契刻的角度来看,它已是雕版书的雏形。有人甚至认为它就是书。也有人认为,从本质上说,它是档案而不是书。

三、青铜器铭文

刻铸在钟鼎等青铜器上的文字称青铜器铭文,也称金文、钟鼎文。青铜器的种类繁多,形制复杂。各种器物有自己演变的系统和不同的时代特征。青铜器最初是作为工具,后又用作容器、日用器物,如食器、酒器、水器,进而为礼乐器。青铜器发展为祭祀用的礼器后,便成了建邦立国的"重器",是权威的象征和最高统治政权的代表。史书上有"禹铸九鼎"的记载。九鼎是最高统治权力的标志。鼎代表王权,夺了鼎,就等于夺了权。由于青铜器受到了这样的重视,所以一般贵族凡有重要文件需长期保存或有重大事件需永留纪念的,便铸一件器物,将文件或事情记载在上面,让后世子孙永久保

第二章 载体众多 贡献杰出

存。因此，青铜器上的铭文，就成为考证古代历史的重要资料。

铭文的内容，大致可分为以下几类：

祭祀典礼：举行重大的祭祀活动，铸器并作记载于器物上。

征伐纪功：战争之后的纪功留念。这类内容的铭文以西周时为最多。

赏赐锡命：这类铭文较多。统治者对功臣、贵族、亲属等进行封赏，受封人作器以示纪念，并将受封之事和被封赐之物记载于器物上。

书约剂：有关法律条文、誓约、文辞或合同、券书、协定等文件，刻器以作证。

训诰：统治阶级把其对臣民的训诰记载于器物之上。

颂扬祖先：作器记载祖先的圣事、美德，以著后世子孙。

殷代青铜器上的铭文字数较少，一般只有二三字，最长不过五十字。西周铭文内容丰富多样，文字渐长，毛公鼎铭文长达四百九十七字，为现在所发现的铭文最长的一件。由于铭文的内容字数渐多，所以西周青铜器出现了把一篇铭文分载于几器的现象。

由于铭文内容关系着当时社会生活的各个方面，记载着许多重大事件，所以它本身就是一种珍贵的历史文献。重七百多斤的大盂鼎上有二百九十多字，可以帮助了解古代的封赏制度。一九七六年陕西临潼县发现的一批青铜器中有一件记载武王克商的利簋，腹内有铭文四行三十二字，是迄今所见西周青铜器物上关于武王伐纣战争的最早记载，可以作为历史的实证。

四、玉石刻辞

在石上刻字，是古人的一种风气。《墨子》中说"镂于金石"，可见在石上刻字与在青铜器上刻字是一样的流行。石头的来源广，而且易于长久保存。以刻石记事比用金属器物要方便易行，露天石刻具有公开性和展示性。《管子》中说，春秋时期的管仲在泰山上见到七十多种封禅石刻。这是我国古代最早的关于石刻文字的记载。秦始皇发展了刻石之风，他在位十二年，曾多次出巡，所到之处，常记文于石，来宣扬他统一天下的功德。《史记·始皇本纪》中就记载了泰山刻石、琅琊台刻石、芝罘刻石、峄山刻石、会稽刻石、碣石刻石等。东汉时期，刻石之风更加盛行，刻石的方法也有所发展。把文字刻到山岩上称摩崖，刻到长方形的石上叫碑。

现存刻石实物中，最早的是唐代陕西凤翔县出土的春秋时期的石鼓。

第二章 载体众多 贡献杰出

（一）石鼓文

中国现存最早的石刻文字是春秋时的石鼓文。唐代初期在陕西省凤翔县出土了十个形状似鼓的刻石。每个鼓的四周都刻有文字，字体属于籀文，内容是有关田猎活动的诗句。原载有七百单字，由于不断受到自然和人为的损坏，剥蚀严重，字迹漫漶，其中一石文字已荡然无存。多数人认为石鼓出自春秋时期。石鼓出土之初，被置于凤翔县孔庙内，宋代时迁移到汴京，金入侵占汴京，将石鼓送往燕京，元代皇庆年间存放于国子监。清乾隆五十五年，为保护石鼓文不再遭受损毁，命人仿刻一份，放在北京孔庙的大成门内。原物现存于北京故宫博物院铭刻馆。

（二）侯马盟书

一九六五年冬，在山西侯马晋国都城遗址出土大批盟书。以朱色或墨色写在玉或石片上。连同碎片计算在内，共五千件。其中三分之一为玉片，三分之二为石片，形状上尖下方呈圭形。其中最大的长三十二厘米、宽三点八厘米。形态规整，呈深灰色。据考证，此是春秋时期盟誓活动的"盟书"，被称为"侯马盟书"。立盟人是晋国六卿之一赵鞅（赵简子）。他是一位从奴隶主贵族阶级中分化出来的新兴地主阶级的代表人物。他们主持订立的"侯马盟书"反映了晋国新兴地主阶级向奴隶主贵族夺权的过程中的斗争。

考古学家将这批盟辞按内容分成五类：宗盟类、委质类、纳室类、诅咒类和卜筮类。这些盟辞的篇幅长短不一，最多的二百余字，少的十余字。字体变化多样，形态复杂。一九八〇年，在河南省温县武德镇乡西张计村出土盟辞石片的原"沁阳载书"遗址，曾再次发现大批盟辞，在万片以上。

（三）儒、佛、道石经

石刻文字发展到汉代，把整部经典著作刻在石头上，称之为石经。影响较大的是七部儒家石经，其次是释、道的经典刻石。

东汉末年，由于多年来激烈的今古文之争，发生了有人私贿兰台令史、偷改儒经文字的事件。蔡邕等奏请正定经书文字，然后刻在石头上公布出来。从汉灵帝熹平四年（一七五）开始，至光和六年（一八三）完成。共刻了七部儒经，有《周易》《鲁诗》《尚书》《春秋》《公羊传》《仪礼》《论语》。由蔡邕用隶书一体写成，故又称"一体石经"。共刻四十六石，立于洛阳太学门前。这是我国历史上最早的儒经官定本。据载：石经公布以后，每天都有许多人前来抄写，经常是车乘千辆，填塞街陌，平息了多年纷争。由于碑文内容和书法都很宝贵，促进了捶拓和印刷技术的发展。其后还有三国时魏国刻的三种字体的正始石经、唐文宗时刻的开成石经、五代后蜀刻的广政石经、北宋哲宗刻的嘉祐石经、南宋高宗时刻的绍兴石经和清高宗时刻的乾隆石经。完整保存至今的只有唐开成石经和清乾隆石经，前者在西安碑林，后者在北京国子监。

佛经经文的石刻，大致有三种形式：一是摩崖，将经文镌刻在悬崖或洞壁上，河北、河南、山东等地较多。二是经幢，将经文刻在一种有棱的石柱上。唐代石幢较多，如陀罗尼经等，这种刻石多为附刻。三是经碑，为佛教经典刻石规模最大的一种形式。公元五世纪之后这种刻石活动开始盛行。现存最宏伟的经碑群是北方房山县石经山的佛经刻石。刻经始于七世纪初，至十二世纪，历经几个朝代，从未停止。在佛教经典石刻中占有重要的地位。

道教经典刻石比儒经刻石、佛经刻石晚，数量和规模也都不如儒经和佛经刻石。隋代之前，没有道经刻石。最早的道经刻石是唐代中叶景龙二年龙兴观的道德经。道经刻石多为后人摹刻，所刻主要是道德经，如公元七〇八、七三八、八九三年刻立的道德经和八八〇年江苏焦山刻的道德经幢等等。

五、竹木简牍

严格地说，刻画在陶泥、甲骨、金石之上的文字，大部分还不能称之为"书",真正意义上的图书起源于刻画在竹简木牍之上的文字。

在我国造纸术发明以前,使用最早、时间最长、应用最广、影响最大的书写材料是经过整治的竹片和木板。一根竹片称"简",将许多根简编连在一起称"策"(册),合称"简策"。加工后没有写字的木片称"版",写了字的称"牍"。细一些的称"木简",木质的合称"版牍",竹木的合称为"简牍"。

(一)竹木简牍时间久远

从时间上看,竹木作为书写材料相当久远,并不比甲骨、青铜器、玉石晚,甚至还要更早些。这里只需举一个例子即可说明,文字产生过程中的一个重要阶段是契刻,即人们把需要记忆的数字、信息用刀子刻在木棍上。当文字发明后,人们也就利用随手可得的竹片、木板做载体材料,只不过竹木质地不如甲骨、金石坚硬,难以保存久远。竹木的特点是取材容易,满山遍野,整治刮削工艺简单,方便书写修改,还可连缀成册,使容量加大,可书写长篇宏论,便于文化普及学术下移。正因为竹木简牍有这样一些优点,造纸术发明后,简牍和帛、纸仍并行了几百年,直到东晋末竹木简牍才退出书写材料的舞台。

（二）竹木简牍内容广泛

从内容上看，竹木所载极为广泛，有大量的文书账册档案，如一九三〇年和一九七三年在甘肃额济纳河流域居延地区，发现东汉简牍前后达三万余枚。有公文、书信、历书、律令、诏书、牒书、爰书、劾状等。出土时，有的仍保持编缀成册的原貌，由于气候干燥，连绳子都没有腐烂，对研究古代文书档案制度有着重要的价值。此外，一九五九年在甘肃武威郊区一东汉墓中，掘得三百八十五件完好木牍，其中有《仪礼》七章，这是儒家经典。历史上也曾有汉初在孔府夹壁墙中发现大量儒家经书的记载。公元二八一年，有个名叫不准的人，在今河南省汲郡盗挖魏襄王墓，发现大批竹简，以史地书为多，其中最著名的为《竹书纪年》和《穆天子传》。一九七五年在湖北云梦睡虎地一秦墓中出土竹简一千一百五十五枚，其中有秦律十种及秦昭王至始皇三十年（公元前三〇六至公元前二一七）的《编年纪》。这是秦代竹简首次出土，也是现有最早的法律条文。一九七三年山东临沂银雀山西汉墓中出土竹简四千九百多件，以兵书和阴阳书为多，其中最著名的有《孙子兵法》和《孙膑兵法》《六韬》《尉缭子》等，解决了一千八百年来究竟有没有《孙膑兵法》这一历史悬案。该地二号墓中出土的竹简三十二枚，是汉元光元年(公元前一三四)历谱,较古罗马儒略历还早八十多年。

除上述的文书档案外,儒家经典、史地书、法律书、兵书、历谱、年表等均有实物发现,都称得上是正式的书。

(三)竹木简牍影响深远

从影响上看,竹木简牍及简牍制度在中国图书发展史上的影响是极为重要和深远的。相当长的一个时期,中国文字从上至下直行书写,从右向左顺序排列即渊源于简策,就是发展到卷轴制和册页制后还要在纸上打出宽窄与竹简差不多的行格。直到今天,图书的计量单位仍称册,文章的计量单位称篇,许多从竹、从片、从木的字,如籍、簿、笺、版、牍、牒、札、椠等都与书籍有关。还有不少词汇成语也反映了竹木简牍影响之深远。如尺牍、三尺法、牍图、检署、杀青、汗青以及罄竹难书、入木三分、学富五车、汗牛充栋、连篇累牍、断简残篇等。就像策试、策论、政策等词的原义,也都是由古代殿试时皇帝把题目出在一个竹片上引申而来的。

六、丝织帛书

丝织文化起源于中国,为世界所公认。传说公元前三千年,黄帝的妻子嫘祖发明养蚕织丝。虽然是传说,却在许多新石器时代的遗址发现人工整治的蚕茧、纺织品残迹和石制

第二章 载体众多 贡献杰出

或陶制的纺轮。到了殷商时代,甲骨文中常见丝蚕、帛、桑等字,安阳殷墟中发现有丝帛残迹。《诗经》等古代典籍中也有许多有关采桑、养蚕、纺织缥丝的记载,可知丝织已是当时重要的家庭手工业。

至于丝帛何时应用于书写,据古籍记载,至迟在春秋时代。《晏子春秋》中有这样明白的记载,齐景公时晏子说,昔日我的先君齐桓公曾把狐与谷这两个地方封赏给管仲,共十七个县。把此事写在帛书之上,并同时载明在竹策上,通报给诸侯。齐景公与晏子是公元前五世纪的人,齐桓公与管仲是公元前七世纪的人。《论语》中也有"子张书诸绅"之语,子张是孔子的学生,其时已把文字记于绅上。《墨子》中多次提到"书之竹帛"。至于实物有一九三四年在长沙楚墓中发现的帛书,通称"楚缯书"。上有毛笔黑墨书写的文字,提到许多古代传说中的重要人物,四周为彩绘奇形图像,这是现存最早的一件帛书实物。最多的一次发现是一九七三年长沙出土的马王堆汉墓帛书,有《老子》甲乙本、《易经》《战国策》《战国纵横家书》《五星占》《五十二病方》等计二十种,凡十二万多字。这一前所未有的大发现,为帛书的研究提供了实证。

除用于书写外,缯帛还可以绘图,包括竹简书的附图和地图。马王堆帛书中就有《导引图》和三幅古地图。此外还可以练书法,特别是龙飞凤舞的草书。帛书盛行的时间在战国至三国之间,前后七八百年。

缣帛质地轻软,可据文章长短随意剪裁。容量较大,体积甚小,书写、舒卷、收藏、携带、阅读都十分方便,克服了竹木简牍笨重的缺点,是书写材料的一大进步。但它毕竟是一种成本价值较高的丝织品,并非一般寻常人家所能制备,故有"贫不及素"之说。所以只能与竹木并行于世,但它启发了人们寻找制造一种新的载体材料,促进了纸的发明。

七、造纸发明

造纸术是中国古代技术发展的一项伟大成就,也是我国古代劳动人民创造的一个奇迹。因为纸的发明比其他古代发明都更加困难,更不容易想象。它不像纺织技术那样是一种对自然物的加工,也不像制陶术、冶金术那样可以通过对火的使用偶然发现,更不像竹木整治刮削技术那样容易。纸与甲骨、金属、竹木、玉石、兽皮、树叶等最大的区别,在于它不是一种自然物,而是一种人造材料,是经过切截、沤制、蒸煮、制浆、抄造、干燥、压光等一系列物理和化学变化之后造成的一种新型产品,是人类真正的创造。

第二章 载体众多 贡献杰出

纸的发明，是我国图书发展史上的里程碑。它不仅使人类记录传播知识的工具实现了变革，使文字找到了最理想的载体材料，而且还是人们日常生活中不可或缺的重要物品。纸具有一切载体材料的优点并排斥掉其缺点，所以就取代了金石、甲骨、竹木、缣帛及兽皮、树叶等。纸是我们祖先利用长于综合的思维方式，在长期生产实践中取竹木之廉和缣帛之便，扬弃了前者的笨重和后者的昂贵，把沤麻（取其植物纤维）和漂丝（制成薄叶片状成品）两种技术综合而发明的。

造纸术发明的时间，至今仍有争议。过去较流行"蔡伦造纸"说，其根据是《后汉书·蔡伦传》。实际上蔡伦只是总结、改进、推广了造纸工艺，纸的发明至少早于蔡伦一二百年。如果说一九五七年在西安发现的"灞桥纸"不足为据的话，那么一九七三年在甘肃居延金关发现的汉宣帝时代的"居延纸"、一九七八年在陕西扶风县中颜村发现的汉平帝时的"中颜纸"、一九七九年在甘肃敦煌马圈湾再次发现汉宣帝时的"马圈湾纸"、一九八六年在甘肃天水放马滩汉墓中发现一幅西汉初期纸质地图是不能一一否定掉的。当古书记载与考古发现不一致时，哪一个更可信呢？当然是后者。我们不能拘泥于书本上的传统见解，更应接受考古新发现和新技术的检验，不断修订古人的记述。

第三章　装帧考究　形成制度

中国的图书既注意实用，又注意美观，讲究装帧设计，很早就形成了固定的书籍制度。在不同的历史时期，由于所用的载体材料和生产技术的不同，形式制度也不同。特别是造纸术、印刷术这两大发明，对书籍制度的影响尤为明显，整个中国图书发展史可以划分为三个时期，且各有对应的书籍制度，即汉代造纸术发明前的竹帛并行时期，盛行简牍制度；汉至唐为纸写本时期，盛行卷轴制度；唐代发明印刷术以后为印本书时期，盛行册页制度。如下图所示：

竹帛并行时期	汉	纸写本时期	唐	印本书时期
简牍制度	造纸术	卷轴制度	印刷术	册页制度

各历史时期之间，均有交叉过渡。

一、简牍制度

竹木是我国最早的书籍材料，它的使用并不比甲骨金石晚，只不过由于质地的原因，更易朽蠹。目前发现最早的简牍实物属战国早期。再早就是春秋时期的玉石简了，如侯马盟书。

（一）刮削整治

用竹木制简牍，首先要经过整治刮削，古书中所谓"截竹为筒，破以为牒"，就是将竹竿截成段，劈成竹片，然后刮修成狭长条的简片。"断木为椠，析之为板，力加刮削，乃成奏牍"（《论衡·量知》）。新竹水分多，易朽烂虫蛀，所以还需放于火上烘干水分，使其出汁，这叫"汗青""汗简"，也叫"杀青"。整治后的简，就可用来写字，所以后人常用作书籍的代称。南宋文天祥就有"人生自古谁无死，留取丹心照汗青"的名句。后来人们将写定的书稿，也称为"杀青"。

在西北干燥少竹之地，常用木材做简。多取白杨木、柳木、松木为原料，因其色白、质软、易吸墨汁。木简的长短宽窄与竹简相似。较为宽长的木板称"椠"，较宽板称"方"，小木片称"札"，削治成多面柱状体称"觚"。

（二）编简成册

单根竹片为"简"，编连诸简为"策"，也就是"册"。

王国维在《简牍检署考》中考订：古《孙子》用缥丝绳编，《穆天子传》用素丝纶编，《考古证》用青丝绳编。考古发现的实物有用麻线或帛带编连的。如一九三〇年在甘肃居延发现的《永元器物簿》就是用二道麻线从右向左把七十七根木简编在一起的。出土时，绳子还没有朽烂。编绳盖在文字上，说明是先写后编的。也有先编后写的竹木简册，编绳已朽坏，但编痕处留有空白。河南辉县战国墓中发现五十枚一束的玉简，上面尚未写字，都是先编后写的物证。至今尚未发现用熟皮条编的竹简。过去还传说用刀在简上刻字，或用漆书写简，现已出土简牍上的文字，均为用毛笔蘸上墨汁书写的。刻简漆书恐是误传。至于同简策同时出土的铜锯、锛、刀是刮削制简的工具，还有的小刀，称"书刀"和"削刀"，是删改简牍的工具，类似今日之橡皮，所谓"刊削"即改动简上文字的错谬。

　　简上文字，多少不一，少的只有几个，甚至一二字，多的数十，有的写两行，有六十字至八十字。有的上下两端留有空白，如后世图书的天头地脚。有的则写满文字，当写定删削后，为了美观，还要等齐。因竹简长短不一、天头一端蹾齐后，再把下端用刀锯截齐。最后以一根简为轴，从左往右收卷，成为一束。首简上写篇名，篇名（小题）在上，书名（大题）在下。也有的简册开头两根简不写正文，称为"赘简"，作用是保护后简少受磨损。

（三）长度内容

简册的长度，与所载内容相关，长短有所区别。据王国维、马衡等考证，汉简最长二尺四寸（约五十五厘米多）合战国尺三尺，用以写六经、国史、礼书、法令，故有"三尺法""三尺律令"之说；其次为一尺二寸（约二十七厘米多）相当于战国尺一尺半，用以写《孝经》等书；最短的八寸（约十八厘米半），用以写《论语》及其他诸子传记书籍，又有"诸子短书""尺牍短书"之语。这些长短制度，只是大体存在，并非十分严格。

版牍一般不用于抄写书籍，而用于公私文书、信件。二尺之牍，用以写檄书诏令；一尺五寸的牍多为传信公文；一尺牍多用于写书信，所以书信古称"尺牍"；五寸牍多为通行证，是通过关卡哨所的凭证。此外，汉代天子诏书，还喜欢用一尺一寸之牍，所以汉代文献中常有"尺一板""尺一诏""尺一"等语。古代的地图常常画在版牍上，后来人们称标明国家领土区域的地图为"版图"。大臣向天子奏禀事由，为简洁明了防止遗忘，常写在一块比牍狭小的长方形小木板上，汉人称"奏"或"奏牍"，后来演化成一种玉石或象牙

61

中国图书

制成的装饰物——"笏板",并不在上面记事。

木牍用作书信或是诏令公文,要送传外地,就要加上封缄。上面一块较小的盖板,叫"检"。其上写收件人地址、姓名等,叫"署"。再把两块木板用麻绳或蒲草捆扎起来,在绳结处加块黏土,摁上印章,叫"封",这块有印记的黏土就是"封泥"。有时盖板的背部隆起,上刻扎绳的槽口,再在绳上加封泥、用印,即为汉人所说的"斗检封"。

二、卷轴制度

卷轴制度是从简册制度中脱胎而来的,在帛书时开始产生成形,到纸写本时达到完善。后来又向册页制度过渡,有一个逐渐演变的过程。

(一)卷轴制的形成

在竹帛并行时期,帛书的格式,往往仿照简册,为使各行文字书写整齐,照竹简的宽度用朱笔或墨笔画上界行。早期为手画,后来是用赤丝或墨丝在缣帛上织出,如同今日之稿纸,后人称之为"朱丝栏"或"乌丝栏"。帛书文字也是由上而下,从右到左。如有书题,也如简册大题在下,小题在上。题目前留有一段空白,如同"赘简",目的是保护正文。

由于缣帛质地柔韧,可以随意折叠或卷舒,卷的时候还需要一个轴,从考古实物可知,帛书形成卷轴大致可分三个步骤:一是折叠,长沙子弹库出土的缯书就是经过八次折叠,然后放在一个竹匣中。马王堆帛书有的用整幅帛写成,折叠成长方形,放在漆盒下层格子里。二是卷束,马王堆帛书中也有的用半幅帛写成,用一厘米至二厘米宽的木片为轴,卷成一卷。这比起折叠前进了一步。因为折起的帛书,天长日久,折叠处容易破损断裂。三是卷轴,后来的轴不再是粗糙的竹木片,而通用漆木。皇宫贵族甚至用琉璃、玳瑁、象牙、珊瑚、黄金来做帛书的卷轴或轴头装饰,而且与卷子末端粘在一起,比卷子的宽度要长,卷起来轴头露在外面,十分考究。当然这种装帧在秦汉帛书中很少见,大都出现在造纸术发明后的南北朝至隋唐时代。

(二)卷轴制度的鼎盛时期

造纸术发明后,纸写本书的形制沿用了帛书的卷轴,要把一张一张一尺左右(约二十三厘米)的纸粘连成十米甚至数十米长的一卷。在古文献中,经常可以见到有关"黄纸""黄卷""入黄"(也作入潢)以及"染黄"的记载,就是将纸用黄檗(柏)汁染过,颜色发黄味苦,可防虫蛀。敦煌卷子中就有不少黄纸写本,保存良好。

写字纸上大都画出界行,四周的叫"边"或"栏",合称"边栏"。各行直线,唐人称之为"边准",宋人称之为"解行"。也有的沿用帛书中的"朱丝栏""乌丝栏"之称。

纸卷的抄写格式,开首往往也空两行,然后写篇名、书名,多数是小题在上,大题在下,一如简策帛书,然后写著作人姓名并附职衔。全篇后写篇章名及次第,有的还写上抄写者姓名及年月日。还有的将抄写书缘由、经过、感想等写出来,是为"题记",十分难得,后世图书的跋尾发端于此。

经书的注解有的写在纸卷背后,有的写在正面天头之上,叫"眉批",有的写在正文行间,叫"夹注"。为区别于正文,有的写小字双行,或用小字排单行,因容易出错,六朝以后又出现朱墨两种颜色写本,正文用朱笔,注解用墨书,这是后代套版印刷的先驱。

由于纸写本不如帛书柔韧结实,所以在纸卷的前面,除了留有空行"赘简"外,还要加一块"包头"(也称"包首"),用硬纸或绢帛一类丝织品来保护书卷,古人又称之为"褾"。为避免纸卷散乱,褾的中间又系一根带子,用来捆扎卷子、卷末的轴已是十分讲究的了。大部头的书有许多卷,为避免与他书混淆,并为保护书卷,还要用"书衣"包裹,这就叫作"帙"。一帙通常十卷左右。帙只包卷身,卷子轴头仍露在外,放在书架上,称作"插架",为便于寻检,又在轴头上挂一个小牌子，上写书名和卷次，称作"签"。考究的用象牙制成，叫作"牙签"。唐代集贤院所藏四库图书，就分别用红、绿、碧、白四色牙签，区分经、史、子、集四部。如果不是精装，就用木、纸为签。这样卷、轴、褾、带，连同帙、签等，就组成了卷轴制度，这种形制一直沿用到唐代中期才发生变化。

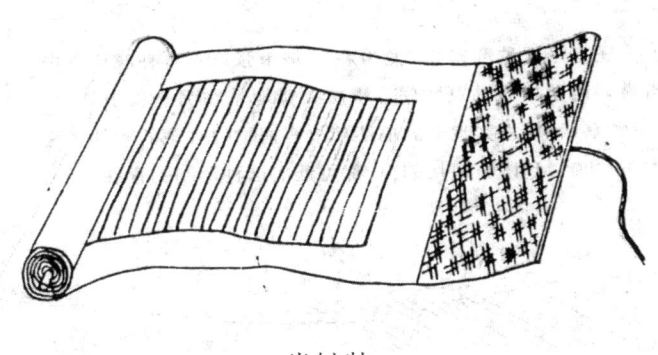

卷轴装

（三）卷轴制向册页制的过渡

卷轴形制比简牍制是一种进步，特别是它适合缣帛和纸的柔软特性。经过发展，逐步完善。但卷轴书也有缺点，就是数丈长的书要边读、边拉开、边卷，读完还要再卷回去。如果不是系统阅读，而是重点查阅某一章节或某一文句，就十分不便了。尤其是三国以后出现类书，隋代以后出现韵书，这类工具书都是供人随时查阅的，卷舒就困难了。这时，从印度传来了不少"梵夹装"的贝叶经，启发了我国学者，一长卷纸不一定非用轴卷起，可以一正一反地折叠成长方形，成为折子，再在其前后加上硬纸加以保护，就称为"经折装"。它不用拉开和卷舒，即可随时翻阅，比卷轴方便多了。

经折装也有缺点，就是阅读时容易散开成为长长纸条，于是有人用一大张纸对折，一半粘首页，一半粘末页，成为书皮，这样就可以避免散乱了。这种方法装成的书，从第一页翻到最后一页，还可再连接翻到第一页，回旋反复，不会间断，而且迅急如风，所以称"旋风装"，这是经折装的改进型式。

还有第三种形式称"龙鳞装"。把单张纸不再粘成长卷去折叠，而是按先书页顺序，鳞次相错地粘在另一长纸卷上。《玉堂嘉话》等古文献上的描述和故宫博物院收藏的一件唐写本王仁昫《刊谬补缺切韵》，都可证实这种形制的存在。

龙鳞装

经折装和旋风装的形制，已经是长方形一厚册。龙鳞装中已经出现了两面书写的叶子，即后来的书页。这三种形式虽已不是原来的卷轴书了，但都启发了后来的散页装订成册，所以是卷轴向册页演进的重要阶段。

三、册页制度

印刷术发明后，促使书籍制度进一步变化。从唐末至宋初，印本书籍逐步取代写本书，册页制也逐步代替了卷轴制。所谓册页制，就是积累许多单页装订成为一册。雕版印刷的一版恰好印出一页，册页形式最适合印刷术的要求。

（一）古书的版式

我国雕版印刷的书都是单面印刷的，为便于装订，每一印页都有一定的格式，也称作版式。

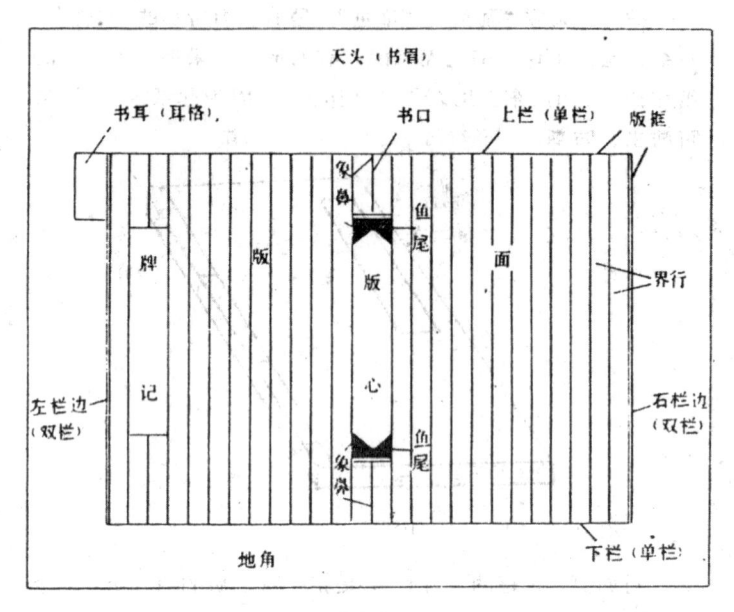

版式

(二) 古书的结构

把一张张单页装订成册，便是一册书。其结构就是指它的外在形式和内容的各个组成部分。

书衣：书的前面封皮，所以又叫"书皮"或"护封"，现在把它叫"封面"。书衣通常用的是一种较硬的有色纸，是为了用以保护书的，类似人们穿衣护体一样，故名。

书签：书衣上所粘贴的用以题写书名的纸签。因为它是贴在书衣上的，所以又称"浮签"，以区别于卷轴书用的"挂签"。

护页：又称"副页""扉页"。是书衣内所加的一张空白衬纸，是为了保护书页而加的。有的地方常采用一种特制的纸作护页。如广东多用万年红纸作护页，因为此纸既美观，又可防虫、防潮。

封面页：古籍的"封面"，是指护页之后的第一页，即今之书名页，也叫"内封面"或"内封大题"。其上题有书名，常为名家手笔。

书脊：也称"书背"，指书的背脊，即一本书装订的一端。

书口：与书脊相对的一端。

书脑：线装书打眼穿线的地方。今精装书穿线订口处也称"书脑"。因为打孔穿线是装订中关键性的工序，故称。

书首：也称"书头"，指书籍上端的切口。

书根：也称"书足"，指书籍下端的切口。

以上介绍的是一册书的外形结构。书的内容结构主要有：

正文：一部书的主体文字。

序：亦作"叙""引"，正文前说明著述或出版意旨、编次体例及作者情况等方面的文字，分作者所写的"自序"和他人所写的"他序"。这类文字置于书后，则称"跋"，也称"后序"。序和跋相当于现代图书中的"前言"和"后记"。

凡例：说明著作内容和编纂体例的文字称凡例，又称"例言"或"发凡"，一般放在正文之前。

69

目录：也称"目次"，一书内容标题的汇集，置于正文前，序文和凡例之后。

注释：解释和说明正文的文字。在古书中通常采用夹注的形式，用小字双行注记在正文之中。

卷末：古籍中除正文之外，还常有一些附录文字，一般是较多的附录文编排在一起，附于书后，称为"卷末"。

牌记：又称"刊记"，是指在目录之后或卷末，刻印上刊行的年月、地点和刊刻者堂号姓名等，俗称"书牌子"，也叫"木记"。

书尾：指一部书全文的末尾，结尾的文字如有缺文，俗称"不到尾"。

（三）古书的装订

我国最早的册页制度是蝴蝶装。蝴蝶装是由旋风装演变而来的。后来，蝴蝶装又发展为包背装，然后再变为线装。在机械化印刷术传到中国以后，书籍逐渐变为平装和精装。这是我国册页制度所经历的几次变化。

蝴蝶装，又称"蝶装"，因书页展开似蝶形而得名。其装订方法，是先将每一印页由书口向内对折，即把有字的纸面相对折起来，与后来的线装对折方式恰相反，然后将每一书页背面的中缝粘连在一张裹背纸上，再装上硬纸（有时用

第三章　装帧考究　形成制度

布或绫锦裱背）作封面，便成一册书。这是早期的册页装订形式。其特点是版心向内，单边向外，使书心得以保护。边角污损可以裁去，也不影响文字内容。因为它是糊贴的，没有穿孔，易于改装。这些都有利于保护图书。

蝴蝶装虽然在保护图书方面有它自己的优点，但却给阅读带来了不便。由于书页都是单层的，纸较薄，印刷面容易粘连，阅读时往往是先见到纸背，而且读一页，必须连翻两页才能继续读下去，很不方便。于是就出现了包背装。

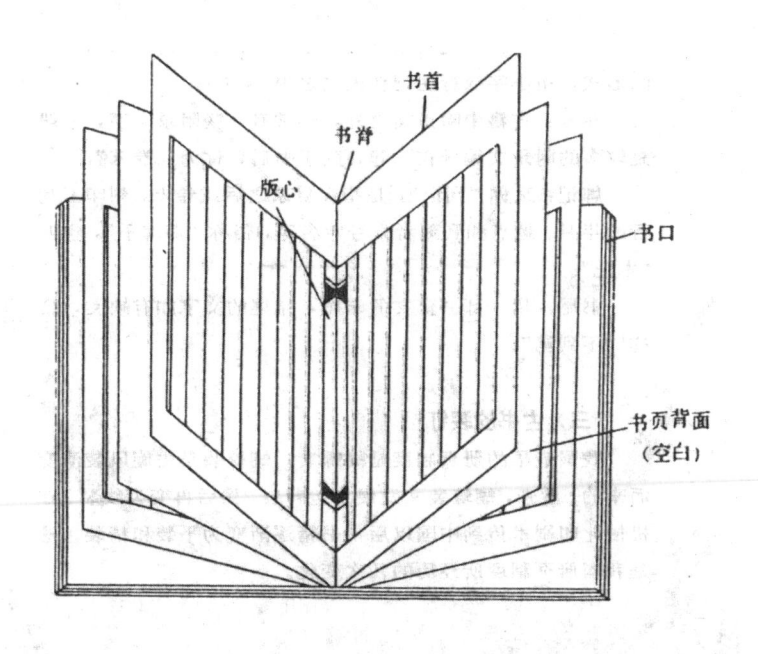

蝴蝶装

包背装就是把书页背对背地正折起来，使文字面向外，把版口作为书口，将书页的两边粘在脊上，再用纸捻穿订，外加书衣绕背包裹。这种装订的方式，基本上和蝴蝶装相同，但经过书页正折，版心向外，使页页文字相连，便于阅读。

　　包背装大约起于南宋后期，今见包背装的早期样品则为元代装帧本。这种装帧法一直延用到明朝中叶以后。著名的《永乐大典》就是包背装。

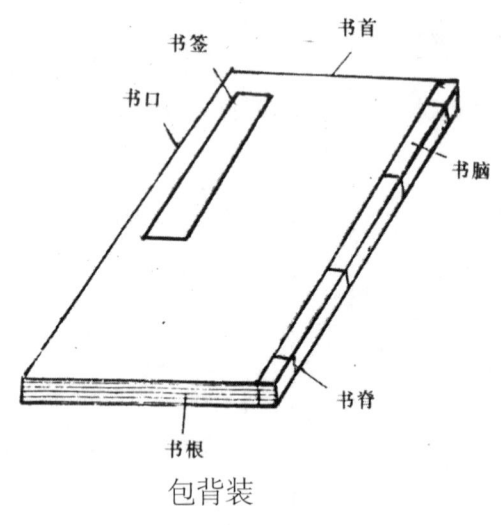

包背装

　　线装书是明代中叶出现的。用线订书似乎很早，敦煌遗书中就有线订书，但为数极少，而且和后来的形式不同。线装是从包背装演变而来的。仍是书页正折，文字向外，版心为书口，把包背装的整封面换为两张半页的软封面，分置书身前后，把它连同书身一起打孔穿线订的方法，就是线装。线装一般是在书上打四孔，称为四针眼装。较大的书，在上

第三章 装帧考究 形成制度

下两角各加打一眼，就成为六针眼装了。讲究的线装，有时用绫、绢之类包起上下两角，称包角装。这主要是为了美观，也有护书作用，但在潮湿地区容易致霉生虫。线装书的优点，是书本破旧了可以重装。在修整旧书的时候，还可以衬纸、接边。

线装书的出现，是我国古代书籍装帧技术发展的最后阶段。直至现在，一些仿古铅印本和影印古书都还在应用这种装帧方法。清代中叶以后，我国逐渐采用了机械化的新式印刷术，随着印刷术的变化，产生了图书的平装和精装。

第四章　类型丰富　源流不断

中国古籍在内容上的突出特点是类型丰富。有人曾把中国的学术比作一棵大树：有主干、有细枝、有花叶，经历了风雨的冲袭，偶有叶落枝折，但随即抽芽更新，枝繁叶盛，至今仍屹立于世界学术之林。中国的学术，总的说来，比较注重人文科学和社会科学的发展，天文、历算、医药、农学等自然科学虽然也取得不少成就，但相比之下，较为忽视。其原因在于儒家重"道"轻"艺"的观念影响了整个学术发展的方向。就是在人文和社会科学里，我国的哲学、史学、文学、语言文字学、地理学、目录学等学科成熟较早，而政治、军事、经济、法律等学科，则不甚清晰。

中国图书另一特点是学术上的继承性，讲究师承关系，在先人的基础上后人又推出新成果。故每一门学科，都有一连串的几十部上百部相关的著作。如最有中国特色的四类图书——儒经、政书、地方志和谱牒。

一、经典注疏

当我们深入图书的内容，从学术上来看中国典籍特点的时候，就不难发现：在中国两千多年来的封建社会中，儒家著作一直占有至尊至高的地位。研究解释儒经的著作也连篇累牍，汗牛充栋，形成了独特的"经学"。经学为尊，众学为从，经学为纲，众学为目，这也是中国文化史和中国图书史的特有现象。于是经书被看作古圣先哲们留给后世的经典，是读书人为学行事的金科玉律。多少年来，历代统治者施政治国靠经书，知识分子安身立命靠经书。就这十来部书，不知耗费了多少读书人毕生的精力。他们就在这些书中兜圈子、打转转，不敢越雷池一步，翻来覆去地注释，阐发圣人的微言大意。有的称"传""话""训""解""证""笺"，有的称"章句""索引""集解""正义"，这些名称有的名异实同，有的意义微殊，有的互相结合，成为新的名称，如"训诂""校注""疏证"等，把这几部书视为信条至理，不容怀疑和变革，隋唐以后的科举制更加深了这一弊病，致使学术风气愈加沉闷，背负的传统惰性愈发沉重，探索和创新的精神受到窒息，疑古惑经、标新立异之作有如凤毛麟角。

这样的文化带有极大的保守性、排他性和禁锢性,应该加以分析批判。

按照《说文解字》的解释,"经,织纵丝也","纬,织横丝也"。也就是说,古人织布时,上下纵向垂直不动的线叫作"经"。左右来回穿梭的横线叫作"纬"。经有静止不变的意义,后人把孔子奉为圣人。"经秉圣裁,如日中天。删定之旨,垂型万世。"(《四库全书总目·经部序》)这几句话的意思是经书都是经过圣人亲手编订的,像中天的太阳一样,删定经书的指导思想教育万世,永远不变。

"五经"之说,始于汉代。汉武帝"罢黜百家,独尊儒术",设太学,置五经博士教育弟子。这时的五经是《周易》《尚书》《诗经》《仪礼》《春秋》,后来不断发展变化,东汉熹平石经是以上五经加上《公羊传》和《论语》为七经。唐代科举取士在"明经"科中规定三礼(《周礼》《仪记》《礼记》),三传(《左传》《公羊传》《谷梁传》),加上《诗经》《尚书》《周易》,合称九经,后又加上《论语》《孝经》《尔雅》为十二经,这也是唐开成石经的内容,宋代又加上一部《孟子》遂成十三经。

早在汉代的经学研究中,就有今文学派和古文学派之争。所谓今文,即当时通行的隶书所传写的经书,大都是学者凭

第四章　类型丰富　源流不断

记忆背诵讲授。他们的特点是治章句，遵师法，专守一家之说。所谓古文，是指汉代以前使用的文字，多为篆字。古文经书传说是汉景帝时，人们从孔子故宅的夹壁墙中发现的，还有一部分是汉武帝的哥哥刘德从民间访得的。两者不但字句上有所不同，甚至连篇章、内容及叙史时对古人古事的评价也时有出入。这样就使研究者们各有所依，互不相让，纷争不止。西汉时重今文经，其大师是董仲舒。西汉末王莽托古改制，古文派抬头，代表人物是刘歆。到东汉初至汉灵帝刻石经，还是今文经占上风，其后由于马融、郑玄等大师的推崇，古文经的地位又胜今文经，这种争斗时断时续，一直延续到辛亥革命时期。

一些经学大师都写过大量为经书作注解的书，仅郑玄一人就为《易》、《书》、《诗》、《三礼》、《论语》、《孟子》、《孝经》等一一作注。南北朝时，学者致力于经书的笺疏工作，不遗余力。据徐崇《补南北史艺文志》的统计，当时为经学注疏《易经》类二十五种，《尚书》类十四种，《诗经》类二十四种，《三礼》类六十六种，《春秋》类三十五种，《孝经》类二十七种，《论语》类十七种。这些成绩，在唐贞观年间，孔颖达、颜师古等人编纂《五经正义》做了一次总结，加上贾公彦的《周礼疏》《仪礼疏》，以及徐彦的《春秋公羊传疏》、杨士勋的《春秋谷梁传疏》，诸经的疏释，在唐代算是有了定本。

时隔不久，啖助、陆淳等人又写出一批《春秋集传》《春秋集传纂例》《春秋集传辨疑》《春秋微旨》等书，对旧有的传注提出怀疑。宋代刘敞撰《七经小传》、王安石作《三经新义》等，发挥己见，不再墨守注疏，形成一种横生议论的风气，甚至删改经史以迁就己说。这种风气一直延续到明末清初。宋代大儒由于下功夫研究注疏，学有根柢，虽摒弃古议，犹能自成一家，如朱熹撰《易本义》《书说》《诗集传》《仪礼经传通解》等书，成绩卓著，元明二代，士子束书不观，功底较浅，还要编修《五经大全》颁行天下，定为科举考试的标准本，影响所及，遂使经学衰微。为此，顾炎武曾发出"《大全》出而经说亡"的感叹。

明末清初，经学中兴，顾炎武、黄宗羲、王夫之、颜元等提倡经世致用之说，学风为之一变。他们提倡朴实的学风，推崇郑玄、许慎所代表的汉学，反对专讲理性的宋学。乾嘉以后，经学名家辈出，有惠栋领导的"吴派"和戴震领导的"皖派"，成果显著。阮元主编的《皇清经解》中收清代考据学解经之书一百八十种，王先谦主编的《皇清经解续编》收二百一十九种。这还只是古文派的成果。今文派也很活跃，如庄存与、刘逢禄、宋翔凤、龚自珍、魏源、戴望、皮锡瑞、王闿运等人都有成果推出。清末廖平著《尚书今文新义》《四益诗说》《何氏公羊解诂十论》《今古学考》等，颇有功力。康有为接着写出《新学伪经考》大胆指出古文经书都是伪经，都是刘歆伪造的，这就从根本上动摇了儒家谈书论学的立足点，对当时的正统思想传统观念进行怀疑和否定。为维新变法作舆论先导。当然这部书存在许多武断强辩的缺点，受到后来学者们的批评，但它的影响是不能抹煞的。

二、典制政书

崇古重史是中国文化的又一显著特征。春秋后，尽管学术下移，但"以古为镜，以史为鉴"仍是历代统治者奉行的信条。在古代典籍中，史部书排在经书之后，但在数量上远远超过经书，其类型也是四部典籍中类目最多的一种。

史书的承上启下地位是十分明显的，以《史记》为例，其素材来自先秦典籍，其体裁方面的创新，也受前代各史书的影响，如《史记》中编年体的本纪和世家，取法于《春秋》《左传》《战国策》诸书；《史记》中的十表取法于《五帝系牒》《春秋历谱牒》诸书；《史记》中的八书，是受《周礼》等书的影响。而《史记》所创造的纪传体，又开了后世几十部上百部纪传体正史修撰的先河。《隋书·经籍志》史部中首类是正史，有六十七部，三千零八十三卷，通计亡书，合八十部，四千零三十卷，所收自《史记》至唐初的纪传体史书及史注，此外还有古史、杂史、霸史、起居注、旧事、职官、仪注、刑法、杂传、地理、谱系、辑录等，共十三类。它反映的是魏晋南北朝时期史书的发展概况。隋唐以后史书又有新的开拓，从唐以后出现的典制政书可以看出中国古书的发展源流体系。

政书是记载古代典章制度的史书，它是由纪传体史书中"志"发展而成一种独立的体裁类型。它对研究古代文化史中历代制度史和器物史有着重要的参考价值。国内外学术界常把政书和类书一齐称为中国古代的百科全书。

我国第一部大部头综合性政书是唐代杜佑编撰的《通典》。杜佑历仕肃宗、代宗、德宗、顺宗、宪宗五朝，三朝为相，长期理财，有丰富的经验。大历元年（七六六）开始编撰《通典》，直到贞元十七年（八〇一）才完成，历时三十五年。该书上自远古，下讫唐肃宗，记叙各代典章制度，全书二百卷，分为食货、选举、职官、礼、乐、兵刑、州郡、边防八门，以事类为中心，按朝代先后编次，材料翔实，多有评论，"详而不烦，简而有要，原原本本，皆为有用之实学"。更可贵

第四章 类型丰富 源流不断

的是《通典》创造了典制政书和编撰体例，为后来众多政书的编写提供了典范。

宋代郑樵的《通志》内容分为两方面，其纪传部分价值不大，而"二十略"部分多有创新，价值极高。除礼、职官、选举、刑法、食货五略节录于《通典》，其余则是作者多年搜求，别出心裁之作；六书、七音、艺文、校雠、图谱、金石六略都是属于文化方面的，《通典》没有述及，十分难得。此外，氏族、都邑、谥、昆虫草木等略，也是郑樵新增的，为其他史书所无。

元代马端临的《文献通考》是第三部重要政书。全书三百四十八卷，上自远古，下讫宋宁宗。分类更加详细，为二十四考。包括政治、经济、军事、文化等各个方面，每一考都按时代排比，前有小序说明考订的新意；后附按语，阐发自己的见解。给后来的研究者以极大的方便。

后人将以上三部书合称为"三通"。清乾隆年间，政府特开"三通馆"，官修典制政书，共完成六部，其中《续通典》《续通志》《续文献通考》各仿前书体例，内容衔接后下讫明末。另三部《清朝通典》《清朝通志》《清朝文献通考》，体例分别仿照前三书，内容是清初至乾隆五十年的资料。以上合称"九通"。清末民初，浙江刘锦藻又撰修了一

81

部《清朝续文献通考》，上接清三通，下讫清末，体例仿《文献通考》。二十四考外，新增外交、邮传、实业、宪政四考，以适应晚清以后的新形势。上述十本政书，合称"十通"，可提供从上古至清末上下五千年的典章制度。

政书的另一个系统是专记一代典章制度的会要、会典。这类书也始于唐代。唐德宗时苏冕首作《会要》四十卷，记叙唐高祖至德宗九朝史实。唐宣宗时杨绍复等人作《续会要》四十卷，记德宗以后史实。宋初王溥在二书基础上增补唐末史实，编成《新编唐会要》，共一百卷、十四类。之后，王溥又作《五代会要》。宋代政府十分重视会要的撰修，特设会要所，曾修会要十一次，共计二千二百余卷。由于卷帙浩大，未加刊行，大约在明宣德年间就已亡佚了。现存《宋会要辑稿》是清代徐松在编《全唐文》时从《永乐大典》中辑出的。元代官修了《元典章》及其续编《新集》，体例按吏、户、礼、兵、刑、工分类，详于《元史》，可补其不足。明清时期，经过一些学者的努力，从各种史书杂记中辑录有关典章制度内容，仿唐、五代会要体例，编出多种会要，加上官修的会典，形成了一套较完整的断代典制政书系列：

《春秋会要》四卷，清姚彦渠撰

《七国考》十四卷，明董说撰

《秦会要》二十六卷，清孙楷撰

《西汉会要》七十卷，宋徐天麟撰

《东汉会要》四十卷，宋徐天麟撰

《三国会要》二十二卷，清杨晨撰

《唐会要》一百卷，宋王溥撰

《五代会要》三十卷，宋王溥撰

《宋会要辑稿》三百六十六卷，宋代官修，清徐松撰

《元典章》前编六十卷，续编不分卷，元代官修

《明会要》八十卷，清龙文彬撰

《明会典》二百二十八卷，明代官修

《清会典》一百卷，清代官修

三、图经方志

中国地方志是颇具中国文化特色的典籍。其历史之悠久、内容之丰富、数量之巨大、作用之广泛，世界各国，无与伦比，是中华民族优秀的文化遗产。

（一）方志与图经的关系

方志是对一个地区自然、社会、人文诸事的历史与现状的全面系统的综合记录。秦汉时期称之为图经、图记等。宋王应麟在《玉海》中称："图则作绘之名，经则载言之训"，

即图经是图加文字说明,图经开始以图为主,以经为辅。从现存的《沙州图经》《西川图经》残卷来看,唐代图经的体例、类目已有区划、官署、河流、驿道、学校、寺庙、古迹、歌谣等项,已形成一个完善的地方志体例。南宋以后,图经这一名称逐渐消失。

(二)方志类型

中国方志的类型有主体与支流之分。主体类型主要是按行政区划而定,全国性的叫"一统志",如《大明一统志》《大清一统志》;省的叫"通志",如《河南通志》等;州、府、县、乡、镇也各有州志、府志、县志、乡志和里镇志;此外还有卫志、关志、盐井志、土司志等。支流类型就自然对象分则有山志、水志、湖志、塘志、河志等,就人文对象而分,则有书院志、古迹志、寺观志、游览志、路桥志等,另外记一方之琐闻、轶事,兼及政治、经济、文化的杂志也属此类。

(三)方志的发展源流

编修方志是中国悠久的文化传统,中国方志的内容由简单到复杂,体例由不完备到比较完备有一个逐渐定型化。

我国的地方志源远流长。《尚书》中的《禹贡》记载了战国前的方域、物产、贡赋等,被认为是方志的雏形。还有一部《山海经》记载远古时的山川、形势、物怪等。班固写《汉书》时，特辟地理志。东汉初有一本《南阳风俗记》专记汉光武帝刘秀故乡的风土人情，可以说是我国最早的一部地方志，惜已失佚。现存最早的一部是东晋常璩的《华阳国志》。华阳就是华山以南，今天的四川，此书详细记述了这一地区的沿革、风土、人物、习俗及豪门大姓。隋唐时天下一统，朝廷诏令编写地方志。隋有《诸郡物产土俗记》《区宇图记》《诸州图经集》，唐代有《括地志》《元和郡县图志》，后因图亡，改名为《元和郡县志》，都是由中央编纂的全国性总志。唐建中元年（七八〇）规定各州郡每三年编选一次图经报中央，后又改五年一次。两宋时，朝廷也三令五申修志造图。代表作《太平寰宇记》体例更加完备。元大德七年（一三〇三）成《大元一统志》一千三百卷，是我国历史上第一部规模巨大的全国一统志，为明清两代修大一统志提供了范例和模式。明代志书有一千五百余种，现存四百余种。清代是修志极盛时期，乾嘉之际三修《大清一统志》，形成举国上下修辑方志的高潮。政府还明确规定各省、府、州、县六十年修一次，故保存至今的达五千五百种之多。

（四）方志的特征

方志的特征可概括为四：①地方性。所谓地方性有两层含义：一是有特定的空间范围；二是有鲜明的地方色彩。方志既是地方性的文献，所以，无论记人、记事、记物都不能脱离本乡本土，事事紧扣地方，"审名以纪地""据地以书人"，反映"一方之情"。方志之所以必要，是因为"风俗以南北而异"，各地情况互不相同，不能没有记载各地情况的书。方志的能事就在于反映地方特色。范成大《吴郡志》突出了苏州古城"池馆林泉号称吴中第一"的特点；《永清县志》（乾隆）详载了女真族贾氏汉化的过程；《丰润县志》（乾隆）着重介绍了当地的桃花针、丰胰、麦笠和绠酒；《黔书》着力于贵州的少数民族人物；《遵义府志》则记载了山东柞蚕传入后遵义府绸发展的盛况。这些方志都注目于当地有标志性的事物，写出了与众不同的地方。②时代性。方志以记当代为主，故有"隔代修史，当代修志"之说。方志既然着眼于当代，那么，时代变了，方志的内容、形式、风格也要随之改变。所以，每部方志都不可避免地要打上时代的烙印，标明其时代特征。以贵州的几部志书为例，《贵阳府志》（道光）反映的是清代贵阳城的情景，《续安顺府志》（民国）反映的是新旧时代更迭时期安顺的情景，而《遵义新志》则反映了抗日时期遵义的景观。可见，志书产生的时代不同，它的时代特征也不一样。借助方志的时代性，可连续考察一个地区的历史和现状，总结经验，以利于各方面事业的发展。③综合性。

地方志记载的范围虽限于一个区域单位，即所谓一邑之小，但其内容却极为广泛。从纵的角度看，既记古又记今；从横的角度看，既记自然、地理，又述政治、经济、军事、文化，还记社会风土人情、人物，不仅是有关自然科学的"博物之书"，而且是一地社会科学的"一方之全书"。诚如著名学者顾颉刚所说："纪地理则有沿革、疆域、面积、分野，纪政治则有建置、职官、兵备、大事记，纪经济则有户口、田赋、物产、关税，纪社会则有风俗、方言、寺观、祥异，纪文献则有人物、艺文、金石、古迹。" ④实用性。方志具有纪实性的特征。旧时许多志书的"凡例"，差不多都有要求纪实的条文。例如《嘉靖永丰县志》就有"三不书"的规定：凡无考者不书，物无用之泛者不书，仙释无稽不书。对志书的纪实性要求，是同方志的史鉴性一致的。因为志书要为国史所取裁，给地方官提供资政辅治的参考材料。如果所记载的内容无征，就无法发挥应有的作用，失去了史鉴经世的意义。

（五）方志的作用

正因为方志具有如上一些特点，所以它的功用也是多方面的。近代有人把地方志的功用总结为六条：一是社会制度之委曲隐微不见于正史者，往往于方志中得其梗概；二是前代人物不能登名于正史者，往往于方志中得其姓氏；三是遗文佚文散在某部者，赖方志然后能以地为纲有所统摄；四是方志多详物产税额、物价等事实，可以窥见经济状态之变迁；五是方志多详建置兴废，可以窥见文化升降之迹；六是方志多详族姓之分合、门第之隆衰，往往可与其他史实互证。方志的价值还有许多，所以至今各地仍在组织人才编写地方志。

目前国内收藏的地方志，据《中国地方志联合目录》的统计有八千五百多种。其中以北京图书馆最多，约六千部，上海图书馆次之，约五千部，南京图书馆居三，约四千部。大学图书馆的收藏也不少，北大第一，南大第二，北师大第三；宁波天一阁收藏明代地方志最有特色，一九六一年以来已影印出版《天一阁藏明代地方志选刊》一百零七种。

我国方志不少流散到国外。美国人从一八六九年起就有意搜集我国珍贵图书，其中有方志五千五百多种，仅哈佛大学就藏有宋明珍贵方志上百种。日本所藏比美国还多。此外，英、法、德、意、荷、比、瑞典等国也都有收藏。

方志内容十分丰富，这里只是从中国图书的角度作了简略的介绍。

四、谱牒家乘

谱牒，又名家乘，包括族谱、宗谱、家谱，是记录氏族或宗族世系的书,也就是将同一血缘集团的世系人物一一列举出来,《辞海》解释为"记载一姓世系和重要人物事迹的谱簿"。

宗族制度在我国社会生活中的重要性、长期性以及影响的深远性,与世界各国迥然不同,可以说是中国文化的一大特点。宗族和宗族制度的长期存在,产生了记录和认识它的族谱和家谱。

(一)家谱源流

关于家谱的起源,可以说相当久远。有的学者根据商代甲骨文、金文中的谱系资料,结合民族调查中大量的民族学、民俗学资料分析,认为文字形式的家谱自文明开端之时就存在。它还曾以结绳的形式,口头传诵的形式存在于文明时代以前,甚至认为家谱是母系氏族的产物(参见杨冬荃《中国家谱起源的研究》,载《谱牒学研究》第一辑)。还有的学者认为家谱起源于周代,《世本》是中国谱牒的开山之作,因为它记录了自黄帝至春秋时帝王、诸侯及卿大夫的世系。

第一部纪传体史书的作者司马迁十分重视谱牒资料的搜集与研究。他在《史记·三代世表》中说:"余读牒记,黄帝以来皆有年数。"谱牒在商周时代为配合宗法分封制的推行,两汉时代为形成和巩固强宗与豪族而服务,魏晋南北朝隋唐为政府的选举、世族的出仕与门第婚姻服务。政府组织专门人员纂辑族谱，有些职业谱家并非为本族，而是为其他家族而作。此时私修族谱虽不算少，但没成为主流。等级制、分封制、选举制、门第婚姻，都需要宗族资料作依据，所以官修谱牒盛行，不仅兴修频繁、规模大、成果多，而且以天下通谱、地方家谱为主要形式。单一家谱则是辅助和补充形式。宋代以后，随着科举制改革及中央集权的加强，世家大族渐趋衰落，家谱的作用发生变化，进入了私修阶段。官修家谱几乎只有皇家玉牒，私家大量自修家谱，且不需政府承认，其作用已变化为家族控制族人，以宗族伦理道德教育族人，维系宗族以利其壮大发展的工具。所以单一家族则成为主要形式，多为本宗族自修、聘请外姓写作的极少，职业谱家已极为罕见了。

现在存世的家谱和族谱，至少有两万种以上，仅《中国族谱综合目录》一书就著录了一万二千余种，尚未包括台湾省所藏。另外现存族谱相当一部分藏在民间，没有搜集上来。还有一些藏书单位限于场地和人力，未加整理。上海图书馆的族谱就没有全部编目，估计有一万种。美国人编的《美国家谱学会中国族谱目录》收录中国族谱二千八百一十一部，另收补遗二百九十八部，共收三千一百零九部。日本学者多贺秋五郎在《中国家谱研究》中说在日本的中国族谱也有一千四百九十一部以上。

（二）家谱作用

史学大师梁启超在《中国近三百年学术史》中指出："欲考族制组织法，欲考各时代各地方婚姻平均年龄，平均寿数，欲考父母两系遗传，欲考男女产生两性比例，欲考出生率与死亡率比较等等无数问题，恐除于族谱家谱外，更无他途可以得资料。"艾秀柏在《蕴藏丰富的资料宝库——论族谱的史料价值》一文中，认为族谱可以弥补正史、地方志的不足，辅助考订历史事件和历史人物的生平事迹，提供有关各种自然灾害的资料，提供某一宗族繁衍、变迁情况，了解封建国家基本结构、宗族私法、俚俗教育和家族教育情况，同时对研究中国书史、古籍流传、版刻图书也有价值。邓绍兴在《简谈家谱档案及其收集》一文中，指出家谱是进行微观历史与考证史实的宝贵史料，是编史修志的可靠素材，是台湾同胞、海外华侨、华裔人士寻根问祖的重要依据，是进行文艺创作的参考材料，也有助于开展国际交流。

从研究的角度，家谱确实是一个内容极为丰富的资料库，它为我们研究历史学、社会学、政治学、经济学、人才学、人口学、民俗学、遗传学、宗教学、华侨史、法律史及地方史，提供了取之不尽、用之不竭的材料。

第五章　辨章学术　部次条别

我国是世界上最早有目录和目录学的国家。早在殷周时期，就有了书目的萌芽。《周易·六十四卦》便是其一。但是，正式的、大规模的校书编目工作则始于西汉。

一、《别录》《七略》

西汉政府重视图书事业。武帝时，由政府下令在全国征集图书，百年之内，书积如山。公元前二十六年，汉成帝又使谒者陈农求遗书于天下，藏于天禄阁，接着又指定光禄大夫刘向主持整理编制群书目录，开始了我国历史上政府图书馆第一次校书编目工作。

刘向校书，在中国文化史和目录学史上都是一个伟大的创举。刘向整理藏书的步骤是，首先将政府收藏的不同本子汇集起来，广泛利用私人和政府其他部门的藏本，进行比勘

第五章 辨章学术 部次条别

选择，剔除重复，选出较好的本子作为正本，用其他本子与之校对。每一篇文字校对后，抄写清本，撰写一篇叙录说明本书著者生平事迹，全书内容大意及校对缮写情况等等。经过二十年时间，刘向领导的政府校书整书工作终于完成。共整理了一万三千二百六十九卷，五百九十三家，著成《别录》。与刘向一同参加校书工作的有任宏、尹咸、李柱国。他们分别担任兵书、数术、方技三类图书的校定。刘向本人负责六艺、诸子和诗赋三类书的校定。刘向去世时，这一工作尚未完成。由其子刘歆继任其事。刘歆根据刘向编的叙录汇总起来编成了第一部图书分类目录《七略》。《七略》约完成于汉哀帝建平二年（公元前五），是当时西汉政府藏书的一个总记录，分为辑略、六艺略、诸子略、诗赋略、兵书略、数术略、方技略，总共著录图书三十八种。

《七略》的分类体系奠定了封建时期图书分类的思想理论基础，对以后近两千年封建社会图书分类和编目工作产生了极大的影响。不仅如此，《别录》《七略》还是世界上最早的目录学专著，是中国目录学著作的典范，也是世界上第一个图书分类目录。

《七略》原书已失传。东汉时，班固曾将《七略》作了删节，编入《汉书》中，成为《汉书·艺文志》。班固取消了《七略》中辑略的名称，而保留了《七略》中六略三十八种的分类体系。我们可以从《汉书·艺文志》中窥见《七略》的概貌。《汉书·艺文志》亦是我国目录学史上的根本要书，是我国现存最早的一部综合性群书目录。

二、四部分类

我国是世界上最早把分类法应用于目录的国家。如上所述，汉朝刘歆的《七略》用的是六分法。这一分类体系是与校书时的分工及各书籍篇卷的多寡密切相关的。

随着我国目录事业的进一步发展，到了魏晋南北朝时期，目录事业与学术文化发展的关系日益密切。这一时期在学术上、文化上的特点是历史书籍增多，佛经大量翻译，文学受到重视，文学总集和别集的出现等。这些特点在图书目录类例上必然有所反映。于是在书目类例上开始出现四分法。

曹魏秘书郎郑默于魏末校理皇室藏书时，编成了一部目录——《中经》。晋秘书监荀勖又"因魏中经更著新簿"或称《中经新簿》。《中经新簿》用的就是四分法。此书目现已佚，只是《隋书·经籍志·序》中还记载着它的类目："一曰甲部，纪六艺及小学等书；二曰乙部，有古诸子家、近世子家、兵书、兵家、术数；三曰丙部，有史记、旧事、皇览簿、杂事；

四曰丁部，有诗赋、图赞、汲冢书。"

四部分类是否始自晋荀勖，尚未有准确答案。因为荀勖的《中经新簿》是根据郑默的《中经》所编，《中经》早已亡失，《中经》曾用四分法还是七分法，现在不得而知。而我们只是首次在《中经新簿》中看到四分法。

在荀勖编《中经新簿》后不久，东晋李充整理皇室书籍，编成《晋元帝四部书目》，由于当时书少，不分小类，只分甲、乙、丙、丁四部。表面看来，和荀勖的四分法一样，而实际上，李充却更换了乙、丙的次序，乙部改为史部，丙部改为子部。从此，经史子集四分法的体制便正式确立了，奠定了后世四分法的顺序。

唐朝魏征等编撰的《隋书·经籍志》，是我国现存的第二部大型古代书目。亦采用四分法。四部的名称用经史子集代替了原来的甲乙丙丁。此外又另附道经、佛经。《隋志》在经史子集四部之下又分四十个小类，其类目是：

经部　易、书、诗、礼、乐、春秋、孝经、论语、谶纬书、小学。

史部　正史、古史、杂史、霸史、起居注、旧事、职官、仪注、刑法、杂传、地理、谱系、簿录。

子部　儒、道、法、名、墨、纵横、杂、农、小说、兵、天文、历数、五行、医方。

  集部 楚辞、别集、总集。

  另附 道经、佛经。

  我国古代书目正式用经史子集作部的名称，是从《隋书·经籍志》开始的。它是我国现存最早的一部用经史子集四分法的书目，因此，在我国图书分类史上占有重要的地位。它四部四十类的分类体系，对后世书目类例影响很大。

  《隋志》以后的官修目录、史志目录及私人编撰的目录，大多也用经史子集四分法，如晁公武的《郡斋读书志》、尤袤的《遂初堂书目》、马端临的《文献通考·经籍考》、高儒的《百川书志》等。

  《四库全书总目提要》是清朝最有权威的一部官修目录，清朝的很多书目大都仿效它的分类体系。

  总之，自从《隋书·经籍志》以后，在漫长的封建社会里，经史子集四分法在我国占据着统治地位，只有少数书目不用四分法。

  纵观几千年的书目类例史，不管是四分法还是七分法，我们都可以看出，在书目分类中突出的是封建阶级的政治，因为经书始终放在首位。

  其次，我们还可以看出，我国分类目录中的类目并不是一成不变的，它随着各个朝代的政治需要和图书数量的增减而不断变化。类目的设置是根据当时统治阶级的政治需要和图书数量的多少来决定的。

到了宋代，朱熹为《礼记》里的《大学》《中庸》和《论语》《孟子》作了注释，称为《四书集注》。从此，经学中出现了"四书"的名称。显然，在经部的类目中就要增加相应的类目。因此，在《明史·艺文志》《四库全书总目提要》等目录的经部中都增添了四书类。

在这漫长而丰富的书目类例史中，我们还可发现事物的另一面，即书目类例中的一些基本类目是相对稳定的。这是因为我国古代的书目是在封建社会中产生的，它们都是以儒家思想作为指导的学术文化的反映。虽然某些类目随着各个朝代图书的增减略有变化，但基本类目相当稳定。

三、官私书目

在我国几千年的文化史中，书目划分的标准和角度是多种多样的。各种书目名目繁多，其分类一般说来，可分为官修目录、史志目录和私家目录三类。

（一）官修书目

官修书目也称国家书目，即由政府主持编撰，反映一个国家全部藏书的书目。

我国历史上很早就有了这种书目。汉代刘向父子编撰的《别录》《七略》就是一部国家书目。汉代以后，差不多各个朝代都有自己国家的书目。如魏朝郑默的《中经》、晋朝荀勖的《中经新簿》、东晋李充的《晋元帝四部书目》、南北朝王俭的《四部书目录》、隋朝牛弘等的《开皇四年四部目录》、明朝杨士奇等的《文渊阁书目》等都是国家书目。其中影响较大的是唐朝毋煚等的《古今书录》、宋朝王尧臣等的《崇文总目》、清朝纪昀等的《四库全书总目》。

宋代以前的官修书目大都散佚，现存仅有明《文渊阁书目》、清《四库全书总目》及《天禄琳琅书目》。体例最完备、内容最丰富、影响最大的当数《四库全书总目》。

（二）史志目录

史志目录是反映某一朝代书籍情况的目录。如《汉书·艺文志》《隋书·经籍志》《唐书·经籍志》《新唐书·艺文志》《宋史·艺文志》《明史·艺文志》等均属史志目录。史志目录几乎都是综合目录。

除以上列举的几部史志目录外，对于有的正史中没有艺文志或经籍志的，后来的学者们（主要是清朝的学者）又进行了补志工作。这样一来，汉朝以后各朝的正史中几乎都有了史志目录。开明书店辑的《二十五史补编》中，共收录了三十二种补志。不仅补了辽、金、元三史艺文志，还把后汉、三国、晋、南北朝、五代等也都补上了。历代正史艺文志，基本上已经能够贯通，这是一个了不起的工程。成为中国古籍的总目录，既可以告诉我们一代藏书，又可告诉一代著述，通过它还可以了解古今图书存佚散亡的概况。它是中国文化发展的记录，基本上反映出中国古代文献典籍的全貌，是我们整理古籍的可意的依据。

除以上"正史目录"外，还有"国史目录"，如宋《中兴国史艺文志》及明万历《国史经籍志》等和"专史目录"，如郑樵《通志·艺文略》、马端临《文献通考·经籍考》等也属史志目录。

(三) 私家目录

私人编纂的书目称私家目录。因为著录基本上是私人藏书，故又称私藏目录。始于南朝王俭《十志》及梁阮孝绪《七录》，按著录内容可分两大类：综合目录为两门以上的群书目录，与之相对的是专门目录，是为某一专门学科或专书所编的目录。在综合目录中，按其撰者和用途可分为：藏书目录，即藏书家所编家藏目录，如宋晁公武《郡斋读书志》、陈振孙《直斋书录解题》等；地方目录，即为某一地区有关图书所编的目录,如明祁承爜《两浙著作考》及方志中目录;丛书目录,即为便于使用丛节而编的书目,如顾修《江刻书目初编》、沈乾一《丛书书目汇编》;初学目录,即为初学者入门所编书目,如张之洞《书目答问》及范希曾《补正》。在专门目录中,有专科目录,如尤袤《遂初堂书目》;也有专书目录,如沈家本《三国志注引书目》。

专门目录亦可单独列为一类,因为其种类繁多。有专记古代经书的"经籍书目",专记历代史籍的"史籍目录",专记各家诗赋文章的"文艺目录",专记释道典籍的"释道书目",以及"医籍书目""方志目录""书画目录""金石目录""图书专目"。在图书专目下,还可细分为版本书目、善本书目、刻本书目、缺书目录、禁毁书目录等。

四、辨章学术

我国目录学的一个优良传统就是结合学术思想的源流发展来进行群书的分类排序,郑樵在《通志·校雠略》中提出"类例既分,学术自明"。章学诚则明确指出目录的任务在于"辨章学术,考镜源流"。他认为图书目录就要像《七略》中的《辑略》那样,与学术思想源流相结合,才能"明道"。

古代书目在体制结构上有三要素:书名、小序、解题。

书名即书的名称、撰述者，篇卷数及不同版本，反映图书的基本特征；小序论述一部类书的学术流派，演变过程及其特点，以便提纲挈领，鸟瞰全局，发挥辨章学术的作用；解题为目录的主要成分，揭示图书主旨及用途，指示门径。

以上三要素全部具备，即部类后有小序，书名下有解题者，如晁公武《郡斋读书志》、陈振孙《直斋书录解题》、马端临《文献通考·经籍考》及《四库全书总目提要》。其次是有小序而无解题者，如《汉书·艺文志》《隋书·经籍志》等。再次为只著书名者，如《新唐书·艺文志》《宋史·艺文志》《通志·艺文略》《书目答问》等。

有小序和解题，固然能发挥"辨章学术，考镜源流"的作用，没有这两个要素的《通志·艺文略》等，因编次必谨类例，采用的系统的分类目录，排列有序，"类例既分，学术自明"，百家学术"绳贯珠联，无少缺逸"，读者同样能"即类求书，因书究学"，这正是我国目录工作中最杰出的成就。

第六章　屡遭厄运　有聚有散

一、图书之厄

中国是一个有着五千年文明史的国家。随着社会的进步、文化的发展，图书的品种与数量也在不断增长，日益繁多。但在增长的同时，图书散佚、消亡的现象也十分严重。对于这一现象，隋代的牛弘作出了历史总结，首先提出了"五厄"之说。把图书在较短时间内遭到大规模毁坏称为一厄。按照这一思路，自古至今，中国的图书大致遭受了二十二厄。

1. 周室衰微

春秋初年，周王室衰微，诸侯势力膨胀。诸侯认为周王朝的典章制度严重妨碍了自己的政治野心，于是便从记载着这些典章制度的周王室藏书入手，进行大肆破坏。当时的图书是写在竹简上的，结果这些竹简要么被烧掉，要么被刮掉文字。图书损失情况相当严重，如《仪礼》最初有三千篇，至孔子时，经搜集整理仅存十七篇。

2. 始皇焚书

秦始皇统一中国后，于公元前二一三年，下令焚烧除秦史、医药、卜筮、种树以外的一切书籍。这次焚书对中国古代文化典籍造成了不可估量的损失，先秦的典籍，在系统上被无可挽回地破坏了。

3. 项羽入关

秦朝灭亡后，公元前二〇七年，项羽率军入咸阳，大肆烧杀掠夺。秦始皇焚书时，曾允许自己的博士官收藏一些《诗》《书》及其他诸子百家书籍。至此，博士官收藏的这些书也被付之一炬。先秦的许多书籍因此而失传。

4. 更始战乱

王莽灭亡后，由更始帝刘玄占据着原来的国都长安。公元二十五年，赤眉军在樊崇的带领下攻入长安，杀死了更始帝，并将长安的宫殿、街市、民房全部烧毁。西汉一百多年所搜集、整理的三千多卷皇家藏书也随之被焚。

5. 董卓移都

东汉末年，董卓逼汉献帝从洛阳迁都至长安。结果东汉皇家藏书大部分遭到官吏、市民的劫夺。书写图书的缣帛，或用来制帷盖，或用来制縢囊。等到王允收集西运时，只剩下七十余车。由于道路远，又被扔弃掉一半。后来长安发生战乱，这部分幸存的图书最终被焚毁。

6. 永嘉之乱

西晋怀帝永嘉七年（三一三），寄居在中国北部的匈奴部族首领刘聪攻陷了西晋都城洛阳，在洛阳城内大肆烧掠。西晋政府已聚集并编排妥善的近三万卷图书，因此遭到焚毁。

7. 元帝焚书

南朝梁元帝萧绎酷好读书、藏书。五五四年，西魏兵攻破江陵。萧绎认为自己读了这么多书，还落得国破家亡，因此将亡国的怨恨全发泄到图书上，令将十四余万卷图书全部焚毁，南朝历年收藏的图书至此消亡殆尽。

8. 炀帝焚书

隋炀帝即位后，派使者四出，搜求天下书籍。在搜集图书的同时，又将搜集到的与谶纬有关的图书全部焚毁。谶纬图书虽然宣扬迷信，但其中也有不少有用的资料，特别是一些早期的科技知识，因为这次谶纬而失传。谶纬后剩下的隋政府藏书，有三十七万余卷被隋炀帝带到江都，这部分图书在隋末战乱中也被焚毁。

第六章　屡遭厄运　有聚有散

9. 砥柱漂没

唐高祖李渊平定王世充后，得到了隋东都洛阳"观文殿""修文殿"等处的图书近八万卷。六二二年，高祖命司农少卿宋遵贵把这批图书装到木船上，溯黄河西上。经过砥柱时，不幸船被撞翻。书籍大多淹没，只抢救出很少一部分。

10. 安史之乱

唐玄宗天宝十四年（七五五），安禄山、史思明发动叛乱，不久便攻陷了洛阳、长安，唐王朝在这两处收藏的图书约八万余卷被焚毁殆尽。当时图书损失情况相当严重。事后，唐政府曾出钱大力收购图书，数日之内，才收到了一两卷。

11. 广明之乱

唐僖宗广明元年（八八〇），黄巢率军攻入长安，把长安的宫殿、官署等全部焚毁。唐政府在安史之乱后所搜集的十二库五万多卷图书也随之荡然无遗。

12. 后主焚书

九七五年，北宋军队围攻南唐都城金陵。唐后主李煜事先嘱咐小周后，如果金陵失陷，就把宫廷藏书全部烧掉，因为他自己很喜爱这些图书，不愿它们散落到别人手中。金陵被攻陷后，南唐历朝所收藏的一万多卷图书便被烧掉了。

13. 靖康之乱

北宋钦宗靖康元年（一一二六），金军攻克东京（开封），提出的议和条件之一是索要北宋官庭的藏书、国子监书版以及天下州府图等。结果这批图书、书版在北运途中多半丧失。北宋历朝藏书共达七万余卷，至此荡然无遗。

14. 绍定之灾

南宋理宗绍定四年（一二三一），都城临安发生火灾。大火将收藏图书的秘书省、玉牒所等处全部烧毁。南宋历朝搜集的图书六万余卷在这次火灾中损失大半。

15. 甲申之变

一六四四年，李自成攻入北京，明朝灭亡，史称"甲申之变"。后来李自成撤离北京时，在一片混乱中国家藏书被毁不少。

16. 绛云楼灾

绛云楼是明末清初著名学者钱谦益的藏书楼。钱谦益喜欢藏书，收藏的图书有七十三大柜子，藏书的数量、质量都与当时皇朝内府的藏书相差无几。一六七〇年，绛云楼不幸遭到火灾，藏书大部分被焚毁。

17. 乾隆禁书

一七七二年，乾隆下诏征求天下书籍，为编修《四库全书）作准备。此后，一方面进行征书，一方面又进行禁书。把不利于清朝统治的书籍、书版全部禁毁，仅一七七三年至一七八一年就销毁了十万多部图书、六万多片书版，给文化典籍带来了一场大浩劫。

18. 咸丰癸丑战乱

一八五三年（清咸丰癸丑），太平天国定都金陵，也进行过禁书毁书活动。当时中国的私人藏书以东南地区最盛，如常熟毛氏汲古阁、鄞县范氏天一阁、昆山徐氏传是楼等，大多历经数百年，藏书无论质量、数量都相当可观。清政府的《四库全书》也有三部藏在东南。这些公私藏书在太平军禁书毁书及战乱中大都受损。许多当时人的著作因而失传。南三阁的《四库全书》只余半部。

19. 英法联军之役

一八六〇年，英法联军烧毁圆明园，进入北京。藏在圆明园的一部《四库全书》被烧成灰烬。北京内府书籍、士大夫藏书及琉璃厂各书铺也有不同程度的损失。

20. 八国联军劫难

一九〇〇年，八国联军攻入北京，劫掠财物，屠杀人民，大量的文物典籍或遭焚毁，或被抢劫。历经磨难的《永乐大典》副本，经八国联军焚毁、掠夺，散亡殆尽。

21. 上海事变

上海商务印书馆自清末开始，搜集南北藏书家散出的珍贵书籍，建涵芬楼专门储藏。一九二四年东方图书馆建立，将涵芬楼迁入其中。一九三二年日本发动上海事变，焚烧了东方图书馆。除事先转移的五百七十四种珍贵古籍外，其余五十一万八千余册图书全被焚毁。商务所印新书也大部被焚。

22. "文化大革命"

一九六六年"文化大革命"开始后，在"破四旧"的口号下，不少图书馆及私人的藏书或被焚或被毁，损失巨大。特别是流传于社会上的传世古籍，在"文革"几年里，在公开场合，几乎绝迹。

在这二十二次书厄之外，还存在着无数次规模较小的图书被焚、被毁及丢失现象，它们加起来的总量也是相当惊人的。

图书的散失与被毁，无论如何都给文化事业造成了很大损失。

可以看出，图书这二十二厄大多是由朝代变更、战争频繁或自然灾害引起的，也有一些是人为的。它们给图书造成的损失是有形的，是可以被人直接看到的。

图书在有形消亡的同时，还存在着无形的消亡。无形的消亡就人的主观来说，有以下两个原因。

一是因人们的喜恶而造成的。比如人们都喜欢文辞优美的，而不喜欢文辞质拙的。因而文辞优美的图书流传较广，保存下来的可能性也大。如《庄子》文辞优美、流传很广；而《墨子》文辞质拙，险些散佚。

二是因古今价值取舍观的差异造成的。古人注重经史，看不起科技，称之为旁枝末道。因而古代科技书散佚的现象比较严重。秦始皇烧书时，烧的是医药、卜筮、种树以外的书籍。结果被烧的儒家经典及诸子书，经过几十代人的发掘整理保存下来不少，而这些没被烧的医药、种树等科技书籍反而一本也没保存下来。在今天看来，这又非常令人惋惜。

当然，还有一个图书自然淘汰的规律，但并不能因此而说现在保存下来的图书都是最优秀的，而没有流传下来的图书都是毫无价值的。对于具体的每部图书来说，都各自有它的幸与不幸。

二、石室金匮

为了保护和利用人类文明的结晶——图书，古人早有藏书之举，而且百折不挠，一代又一代延续不断，从而形成了一部中国藏书史。

中国图书

我国在夏商周三代就有"藏室""册府"等藏书机构，并由史官负责管理。老子即是负责周朝藏室的史官，相当于现在的图书馆馆长。当时也涌现出一些早期的私人藏书家，如著名的学者惠施，个人拥有五车图书，所谓"学富五车"。这在当时是一个很大的文献量。

秦始皇统一中国后，曾在咸阳阿房宫设立藏书机构，并设御史负责管理。当秦始皇焚书时，有人把图书藏在湖南沅陵县西北二酉山的山洞里，后世有"书藏二酉"之说。

西汉建有"石渠""天禄""麒麟"三阁，专门收藏图书。为了防潮防火，藏书室是用石头砌成的，称"石室"；书柜用铜皮包成，称"金匮"。以后"石室金匮"就专门用来指皇家藏书的建筑。汉武帝时开始征集图书，收藏在太常、太史、博士、延阁、广内等处。后经刘向、刘歆父子整理，删去重复，共得三万多卷。

东汉建立后，又开始聚集图书，收藏在东观、兰台等处。据说图书最多时，能装满六千辆车。

三国魏晋南北朝，是中国历史的动乱时期。图书旋聚旋失，但当时的统治者对藏书的意义和价值都有一定认识，战乱一过，便开始聚书。这时的藏书机构主要为秘书监。

隋朝文帝、炀帝广征图书，并将每种图书都抄写五十本

第六章 屡遭厄运 有聚有散

副本，藏在东都洛阳的观文殿。

唐朝管理图书的机构和官职已相当完善，藏书机关同时也兼校书职能。当时图书主要收藏在秘书省，由秘书监负责管理。此外还有弘文馆、史馆、集贤馆。唐朝时，书院藏书也得到发展。开元期间（七一三至七四一）设立的丽正书院、集贤书院，都有藏书、校书的职能。

宋代国家藏书机构有：史馆，昭文馆，集贤院。后来又用三馆的藏书建立了崇文馆。南宋的藏书机关为秘书省。宋代书院及私人藏书事业也很发达。

元代设秘书监掌管图书，并在秘书监下设兴文署负责雕印书籍。元代的国家藏书沿袭南宋的做法，除手抄本外，也收集一些刻本入藏。

明代的国家藏书机构是文渊阁。此外，明朝于一五三四年建成了一座专藏皇家档案和重要典籍的档案库——皇史宬，这是现今保存最完整的一座典型的"金匮石室"式建筑。

清朝国家书籍主要藏于内府，并在武英殿刊刻书籍。清朝乾隆时修辑的《四库全书》一共缮写了七部，分别收藏在文渊阁、文源阁、文溯阁、文津阁、文汇阁、文宗阁、文澜阁中，总称"四库七阁"。

到了清末，私人藏书达到鼎盛。出现了著名的四大藏书家。有聊城杨氏的海源阁、常熟瞿氏的铁琴铜剑楼、归安陆氏的皕宋楼、杭州丁氏的八千卷楼。四家都收藏了许多宋、元版珍贵书籍,而且藏书的总量也很大。如海源阁,在遭到兵焚后,还有二十一万九千多卷藏书。

三、典藏保护

中国历代皇家藏书机构和私人藏书家,特别注重对所藏图书典籍的保护,并逐渐形成了一整套技术与方法。

危害藏书安全的,有人为毁坏和自然侵害两方面原因。人为毁坏主要有战乱、盗卖、焚书、禁书、偷窃、污损等。这里面有许多因素是藏书机构或藏书家本身所不能解决的,因而他们只能对盗卖、偷窃、污损等采取一些措施。如皇家图书一般是不让外人看的,大臣要看也有极严格的规定。私人藏书对读者也有极严的规定。如《观古堂藏书约》讲的,如果有人想进藏书楼,必须有主人和书童相随,而来人带的仆从不许进入。同时进藏书楼的人不许穿冬天的棉衣,不许穿宽松的衣服。如果要长时间谈话,就到藏书楼外谈。

自然侵害主要有火、水、虫等。在这方面,古代的保护技术十分发达,它表现在以下四个方面。

建筑保护技术。如汉代的"石室""金匮"就是为了防止火患。明代的天一阁，四周有水，用来防止火灾，楼内高大宽阔，书柜相隔适中，用来防潮、防虫。这座建筑至今仍然保存完好。

染纸避蠹技术。将扉页染上调好的防虫药水，用来保护图书正文不被虫蠹，如万年红纸等。

装帧保护技术。如古书除用线装外，还用纸捻把图书聚牢，即使线断了，书也不散。用檀木、楠木做成木匣盛书，既可防虫，又保护图书不致破损。

药物防害技术。在书橱下放置雄黄、石灰以避虫蚁，书橱内放代芸草、肉桂等，防止虫蠹。

此外，古人还有曝书的方法。在初春及中秋天气晴朗干燥的日子里，将书放到房外用太阳晒，可防潮防虫，待晚上等晒热的图书冷透后，再放回书柜。

图书有聚必有散，这是一条人类无法克服的社会规律。在这个规律面前，我国人民一方面表现出一种豁达；一方面又兢兢业业，不屈不挠地做着自己所能做的每一件事。

第七章　发明印刷　偏重雕版

印刷术是一种以直接或间接的方式对原稿的图文进行复制的技术。中国古代的印刷术可分为三种：雕版印刷、活字印刷、套版印刷。这三种技术都是我国劳动人民首先发明的。其中以雕版印刷最早，使用最为广泛。

一、雕版印刷

雕版印刷也叫整版印刷或木板印刷。版材一般取梨木或枣木，用写就的薄纸样稿覆贴在木板面上，由刻工刻成反向的图文版，以为印刷底版，涂上水墨，印于纸上。因旧时手工操作，在印版上用棕刷涂墨，将纸铺在版上，再用净刷在纸背刷过，故称为雕版印刷。

（一）雕版印刷术发明的条件

印刷术之所以能够发明于中国绝不是偶然的，它须具备

第七章　发明印刷　偏重雕版

两个方面的条件：一是当时社会对这项技术的迫切需求；二是当时已有产生这项技术的可能——技术条件成熟。

关于印刷术发明的时间，虽然目前还存在着争论，但多数学者认为印刷术发明于唐代。像张秀民先生认定为"贞观年间"，这正是我国封建社会的高峰时期，政治开明、经济繁荣、文化发达，诗文创作空前兴盛，像李、杜、元、白等一大批优秀诗人的作品，脍炙人口，广泛流传。科举制度日臻完备，大大刺激了为数众多的中下层读书人为求仕而对图书的需求。儒、道、释三教兼容并蓄，盛极一时，特别是统治阶级大力提倡佛教，朝廷专门建立译经院，举国上下对佛教的信奉几乎达到狂热的地步，必然引起对佛教经书的大量需求，同一部佛经往往要被抄录成千上万卷。政府需要把颁布的公文法令迅速传到全国各地；广大农民需要准确的历书以确定耕作日期，还有大规模的中外文化交流活动都增加了对复制图书文献的需求，传统的传抄复本的方法再也不能适应社会的需要了，人们迫切需要一种新型的高效率的图书复制技术，这是印刷术产生的外部条件。

内部条件可以理解为技术本身的成熟完善，捶拓和印章技术的结合是雕版印刷产生的关键。

石刻的捶拓技术大约在东晋至南北朝时期就已经有了。

《隋书·经籍志》记载了隋炀帝藏有汉魏石经的全部拓本,并记载说南朝梁代的藏书目录中也有石经拓本,摹拓技法到唐代已极为高超了。杜甫在《为李潮八分小篆歌》中曾提到"峄山石碑野火焚,枣木传刻肥失真",这说明唐代已经有人把碑上的文字刻在木板上,在枣木板上雕刻大段文字,从而再行传拓。拓碑是一种很好的复制文字的方法,它不仅可代抄写之劳,而且还可避免抄写之误,只不过阴文正刻拓出来的是墨底白字,阅读效果不甚理想。然而它却给印刷术的发明带来了重要的启发。

　　制造印章是从新石器时代制造陶器时使用印模过程中发展起来的。在战国时代,印章就已经较为常见了。《周礼》一书里就有"玺节"的记载。"玺节"即今日的印章。秦统一全国后,皇帝用的印叫"玺",普通官、私用的印才称为印。汉时用印封检奏章,故称印章。道教又扩大了印章的面积,在上面刻的字数也多了。东晋葛洪在《抱朴子·内篇》卷十七中记载:"古之入山者,皆佩黄神越章之印。其广四寸,其字一百二十。"这些字已可构成一篇短文,从其刻的字数、面积亦可以说与用来印刷的雕版有些相接近了。在今天可以见到的唐代文物中,还有许多"千佛像",就是在一张纸上印上一排排小佛像,这些佛像形状完全相同,是刻成

第七章 发明印刷 偏重雕版

一个佛像印模而在纸上盖印多次而成的。这种模印小佛像标志着由印章至雕版的过渡形态，也可以认为是版画的起源。在敦煌和吐鲁番等地，曾发现好几千个这样的小佛像。英国博物馆藏有一幅这样的手卷，全长十七英尺，印的佛像多至四百六十六个。有的佛像旁边或下面还刻了佛名或一段佛经，这样就成了文字和图画相结合的佛像图片了。

用印章的方法是盖印，也叫捺印，即把字印在纸上。捶拓的方法则是拓印，它的版在纸下。采取扩大印章的面积以增加其字数，然后应用拓碑的拓印方法来取得成品，就形成了印刷术。印章的优点，是用阳文反字可以印成白纸黑字，阅读效果好。其缺点是，面积过大时就不易使压力均匀，因而不能产生清晰的字迹。如果仿照拓印的方法将刻成阳文反字的印版放在下面，在版上施墨后铺纸，再在纸上施加压力。这样整版的字迹便可以清楚地印在纸上。这正是印章与拓印方法的结合，是印刷术发明的技术上的条件。

在具备了这些物质基础和技术条件之后，雕版印刷术的应运而生则是必然的了。

（二）雕版印刷术发明的时间

印刷术是在什么时候发明的呢？这是历来众多学者持有不同看法的问题。归纳起来，有七种说法：汉代发明说，东

117

晋发明说，北齐发明说，隋代发明说，唐代发明说，五代发明说，北宋发明说。前四种说法或因证据不足，或因误解文义，令人难以确信，后两说又已为事实所推翻。唐代文献中的多处记载和唐代印刷品实物的屡屡发现，已对唐代说提供了有力的证明。在我国西北甘肃敦煌发现的唐咸通九年（八六八）刻印的《金刚经》，乾符四年（八七七）和中和二年（八八二）的历书，以及在四川望江楼附近出土的《陀罗尼经咒》唐印本都是唐代发明说最有力的物证。

除实物外，元稹的《白氏长庆集·序》《新唐书·文宗本纪》、柳玭《家训·序》等文献还进一步告诉我们唐代雕版印刷业的一些概况，刻书地区以四川为最多，包括江西、淮南直至江浙一带，刻书内容以佛经和历书为最多，还有字书小学、阴阳杂书等，刻书者主要为寺院刻书和民间坊刻。到了五代，雕版印刷有了突破性进展，在坊刻的基础上出现了政府刻书和私家刻书，刻书内容已由民间杂书发展为卷帙浩大的九经。

（三）印刷术发明的意义

印刷术的发明是人类社会发展的一个大关键，它极大地促进了人类文化和整个人类社会的进步。马克思把印刷术的发明称为"最伟大的发明""科学复兴的手段"和"创造精

第七章 发明印刷　偏重雕版

神发展必要前提的最伟大的推动力"（马克思《机器、自然力和科学的应用》）。

在印刷术没出现之前，所有书籍全靠抄写流传，费时费力，量少且易于出现错漏，贻误读者。由于抄写图书很费功夫，所以每一种书在短时间内很难传抄出较多的复本。因此，在北宋以前，"家有书疏者，百无一二""以藏书为贵"。人们要想读书，只有借抄。著书人要想传播自己的著作，也只有依靠抄写，需要多少本，就得抄多少遍，书的篇幅越大，抄写所费的时间就越长。由于抄书费时费力，成本又高，因此书的复本稀少，很难满足人们的需求，自然也影响图书的流传。唐宋以前，许多重要的著作失传，原因之一，就是因为古代的图书全凭手抄，少有复本流传的缘故。

印刷术发明后，情况就大为改变。一本书能够比较容易地印刷出许多复本，复本既多，流传遂广，知识得到普及，图书也较难亡佚。由于印刷的书籍具有省时省力、制作容易、复本量多、便于收藏及利于流通等优点，所以我们说印刷术是促进社会文化发展的一项重要手段。直至今日，印刷术仍是现代文明的重要支柱。不仅精神生活中使用的图书，包括报纸、杂志、课本、画片、地图等的生产，就是物质生活中用于商品交换的货币、单据、簿册、商标等大量与现代人类生活息息相关的印刷品的制作，都是离不开印刷事业的。

印刷术的发明是人类文明史上的光辉篇章，写下这一光辉篇章的正是我们伟大的中华民族。

二、活字印刷

雕版印刷术比起以前的手写传抄手段不知要节省多少人力和时间，对于书籍的生产和知识的传播来说，确实是一个巨大的革命。但是，雕版印书必须一页一版，有了错字难以更正，如果刻一部大书，要花费很多时间和木材，不仅费用浩大，而且储存版片要占用很多地方，管理起来也有一定的困难。而在雕版的基础上发明的活字排版印刷术则可以解决这些矛盾，进一步提高印书效率。

活字印刷术就是预先制成单个活字，然后按照付印的稿件，拣出所需要的字，排成一版而履行印刷的方法。采用活字印刷，书印完之后，版可拆散，单字仍可用来排其他的书版。这个方法直到现在也是世界上生产书籍、报纸、杂志的主要方法。活字印刷术在今天已发展到高度机械化的程度，是现代文明的重要支柱之一。这项技术是我国对世界文化事业的又一伟大贡献。有些欧美资产阶级学者把这项发明归功于一个叫古登堡的德国人，这完全是历史事实的歪曲。根据文献

第七章 发明印刷 偏重雕版

记载,世界上最早发明活字排版印刷术的是我国宋朝的毕昇,时间是北宋庆历年间(一〇四一——一〇四八),要比古登堡使用活字印刷早四百年。

活字印刷中所使用的活字的制作是使用此技术的关键。我国古代劳动人民曾经用黏土、木材、铜、锡、铅等原料进行过多种制造活字的尝试,均获得成功。

(一)泥活字

胶泥活字是世界上最早出现的活字。据沈括《梦溪笔谈》卷十八"技艺"门记载:"板印书籍,唐人尚未盛为之,自冯瀛王始印五经,后世典籍皆为板本。庆历中有布衣毕昇又为活版。其法用胶泥刻字,薄如钱唇。每一字为一印,火烧令坚。先设一铁板,其上以松脂、腊和纸灰之类冒之。欲印,则以一铁范置铁板上,乃密布字印,满铁范为一板,持就火炀之。药稍熔,则以一平板按其面,则字平如砥。若只印三二本,未为简易,若印数十百千本,则极为神速。常作二铁板,即一板印刷,一板已自布字。此印者才毕,则第二板已具。更互用之,瞬息可就。每一字皆有数印,如'之''也'等字,每字有二十余印,以备一板内有重复者。不用则以纸贴之。每韵为一贴,木格贮之。有奇字素无备者,旋刻之,以草火烧,瞬息可成。不以木为之者,文理有疏密,沾水则高下不平，兼与药相粘，不可取，不若燔土，用讫再火，令药熔，以手拂之，其印自落，殊不沾污。升死，其印为予群从所得，至今宝藏之。"

这是印刷术发明后第一篇用文字详细记录印刷技术的重要史料。由于沈括与毕昇是同时代的人，他所记的资料是可靠的。宋光宗绍熙四年（一一九三），周必大在潭州（今湖南长沙）用沈括所记的办法，以胶泥铜版刊印了他所著的《玉堂杂记》。元朝初年，忽必烈的谋士姚枢，教学生杨古用沈括所记毕昇泥活字法印成《近思录》《小学》《经史论说》等书。

清道光十年（一八三〇），苏州人李瑶在杭州用泥活字版印成《南疆绎史勘本》和《校补金石例四种》。李瑶自称这种印版为"仿宋胶泥板"。

清道光二十四年（一八四四），安徽泾县秀才翟金生及其家人，经三十年努力，烧炼了十多万个泥活字，印成《泥版试印初编》《水东翟氏宗谱》《仙屏书屋初集》等书。此外，江苏无锡、江西宜黄等地，也用泥活字印过书。

（二）木活字

由《梦溪笔谈》所记可知，毕昇曾试用木制活字印书，但没有成功。到了元朝初年，木活字被王祯制造成功了。

第七章　发明印刷　偏重雕版

王祯，字伯善，山东东平人。是我国著名农学家。元贞元年至大德四年（一二九五——一三〇〇）时，他在安徽旌德县和江西永丰县做县官时，重视农业，教农民种田植树，并动手整理前人的农业文献及各地的种植经验，写成了《农书》。因《农书》字数多，难于刻印，他就准备采用木活字来排印。元大德二年（一二九八）请匠人刻制木活字三万多个。他曾用这批木活字试印自己纂修的六万多字的《旌德县志》，不到一月就印好一百部。

王祯所造木活字印书法是先在木板上刻字，再逐字锯开并修整一致，然后在框内排字，行间用竹片隔开，塞紧后即可印刷。王祯还创造了转轮排字架，把木活字按韵和型号排列在两个木制的大转盘里，排字工人可以坐着拣字，只需转动轮盘，就可以拣到所需要的字。王祯把这些经验写成了《造活字印书法》，附在《农书》之后。

王祯之后二十年，浙江奉化州官广平人马称德，在任内刻制木活字十万多个，在元至治二年（一三二二）印成《大学衍义》等书。

元朝时的木活字已传兄弟民族地区。甘肃敦煌千佛洞曾发现几百个硬木制成的回纥文活字，可惜大部分被法国帝国主义"学者"伯希和盗去，只剩下五个，现陈列在中国历史

123

博物馆里。

到了明朝，使用木活字的地区已普及苏州、杭州、南京、福州、四川、云南等地。明朝用木活字印刷的图书，至今有书名可考者，有一百余种。

尤其值得注意的，是明崇祯十一年（一六三八）出现了用木活字排印的《邸报》。

到了清朝，木活字印书已在全国通行。各地的衙门、书院、官书局，大都备有木活字。而且出现了如"活字印书局"或"聚珍堂"等专门采用活字印刷的店铺。

清朝最大的一次采用木活字印书的活动，是乾隆三十八年（一七七三）印《武英殿聚珍版丛书》。乾隆帝在修《四库全书》时，下诏刊印从明《永乐大典》中辑出的大批失传古书。因数量大，刊版耗费财力、人力，时间又太多，主办人金简建议用木活字排印，得乾隆帝批准，并把活字版名称改称"聚珍版"。金简雇工刻成大小枣木活字二十五万三千五百个。先后共印成《武英殿聚珍版丛书》一百三十四种，二千三百多卷。金简还把刻印经验写成了《钦定武英殿聚珍版程式》一书。它比王祯的《造活字印书法》的记载更详细。在刻制木字、制作字架和板框及操作技术等方面，都比王祯有所改进。

第七章　发明印刷　偏重雕版

清朝在北京出版的《京报》（政府公报），从乾隆到清末，都用木活字排印。《红楼梦》的第一次印本，被称为程甲本的就是木活字本。

在明末，浙江已采用木活字印刷家谱，到清朝更为普遍了。如浙江（尤其是绍兴一带）、江苏（常州一带）、安徽南部、江西、湖南、四川等地，都有以刻印家谱为专业的刻工，称为"谱匠"或"谱师"。有些人还在秋收后的农闲季节，携带工具，走乡串镇，为人刻印家谱。这时，木活字及印刷工具可以买卖、抵押、继承、赠送、转让，成为有价值的财产。

（三）金属活字

现知最早的铜活字印书活动是在十五世纪末（明朝弘治初）。当时江苏的无锡、常州、苏州一带有不少富家铸铜活字印书。最有名的是无锡华燧的会通馆、华坚的兰雪堂、安国的桂坡馆几家。

明弘治三年(一四九〇)，华燧（一四三九——一五一三），字文辉，用铜活字印出《宋诸臣奏议》五十册。铜字虽难受水墨，墨色浓淡不匀，质量较差，但它却是我国现存最早的一部铜活字印本。有人认为此书是锡活字印本（见潘天祯《明代无锡会通馆印书是锡活字本》，载《江苏图书馆工作》一九八〇年第一期）。现在知道，华燧先后大约印了十五种书,每本书的中缝下端都印有"会通馆活字铜板印"八个字。华燧的叔父华理于弘治十五年(一五〇二)用铜活字印过陆游的《渭南文集》和《剑南续稿》。华燧的侄子华坚和华坚的儿子华镜也用铜活字印过书。华坚印的书每卷末有"锡山兰雪堂华坚活字铜板印"字样。所印书有《蔡中郎集》《白氏文集》《元氏长庆集》等。

明代采用铜活字印书,与华氏同样有名的桂坡馆的安国(字民泰,一四八一——五三四)。安氏比华氏富有,有"安百万"之称。安氏用铜活字印的书可考者有十种,其中《正德东光县志》是国内唯一用铜活字印的地方志。

明朝嘉靖、万历年间,福建建阳(原为宋朝刻书业中心)的书商也采用过铜活字印书,最有名的印本为蓝印"芝城铜版"《墨子》。

清康熙末年,宫廷曾刻有铜活字,印刷过天文、数学、音乐方面的书籍。雍正四年(一七二六)又用这种铜活字排印了《钦定古今图书集成》。全书有一万卷之多,用大小两种字体排印,印本清晰美观,只印了六十五部。这是我国用活字排印的字数最多的一部大型书。可惜这批铜活字,在乾隆年间被熔毁而充作铸钱原料了。

明清两代遗存至今的铜活字印本尚有二十余种,大部分收藏在北京图书馆。

明清两代民间制作的铜活字和清代宫廷制作的铜活字都是手工雕刻的。

我国在明朝时期已有人用铅刻制活字了。明朝弘治末正德初年（一五〇五——五〇八）陆深《金台纪闻》载："近日毗陵（即常州）人用铜、铅为活字，视板印尤巧便。"

清道光十四年（一八三四）湖南人魏崧在他所著的《壹是纪始》中说："活板始于宋……今又用铜、铅为活字。"可见，早在现代铅合金活字传入我国之前，已经有人用铅做活字了。

（四）活字未能取代雕版的原因

与雕版印刷相比，活字印刷明显地具有速度快、用料省、效率高等优点。然而，自北宋庆历年到鸦片战争的八百年间，这项技术并没有得到广泛的普及推广，活字版不但没有取代雕刻板，就连与之同样的发展都没有得到，用活字印刷的书籍始终是少数。有人曾做过专门统计：清末版本目录《增订四库简明目录校注》共著录历代书籍七千七百四十八种，约计不同版本二万部，其中活字印本只有二百二十部，约占总数的百分之一强。新中国成立后出版的《北京图书馆善本书目》共著录历代善本书一万一千多部，其中活字印本也只有一百五十余部。

在我国古代,雕版印刷为什么始终占主导地位呢?其原因是多方面的。

1. 社会原因

这可以从以下三方面来分析:首先,从政治方面来看,封建社会的统治阶级瞧不起劳动人民的发明创造,把各种新技术视作奇技淫巧,对活字印刷也一直采取不屑一顾的冷漠态度。其次,从思想上讲,在封建社会里占统治地位的儒家思想缺乏探讨自然规律的志趣,崇礼复古,因循守旧,官私工匠一旦掌握了雕版技术就容易墨守成规,不愿改动。最后,从学术方面来看,两千年来,儒家思想独霸了学术领域,我国图书类型长期在经、史、子、集的圈子里徘徊,宋朝以后更是原地踏步,加上科举制只以儒经为考核内容,四书五经不仅是知识分子立身处世的法典,而且是他们升官发财的敲门砖。这些书一旦雕成书版,便可长期使用,即使是毁坏了,还可以修修补补继续使用。在历史上收集前朝留下的雕刻版,利用它们为新王朝服务的事例屡见不鲜。这样,在学术著作数量少、内容更新极慢的情况下,活字印刷速度快、用料省的优越性也就体现不出来,而刻版雕成以后可以反复使用,反倒显得简便省事。

2. 文字原因

中国汉字的特殊性给使用活字印刷带来了先天性困难。主要表现在三方面：一是汉字数量巨大，制作单字困难。我国汉字的常用字就有四五千个，还有数以万计的冷僻字。要采用活字印刷术起码要有十万个以上的单字，而且还要经常增刻一些单字。这样的工作是很艰难的。二是活字印刷技术复杂，难以掌握。就制字来说，汉字的古体字大多数在八画至十六画之间，无论是雕刻还是制模铸造都要有相当的技艺。三是单个汉字拣排不便。汉字没有像拼音文字字母那样简单而固定的排列次序，这就为拣字排版和拆版还字带来了困难，无论是用韵目法还是部首法来排列单字，都有一定缺陷。这就会降低排印速度，对以后的拣排和印刷机械化造成障碍。

3. 技术上的原因

活字印刷术本身较为复杂，为一般人所不易接受。它所使用的材料又都存在一定的局限性，生产过程中难于操作。泥活字易碎，木活字吸水变形，金属活字不易附着水墨。

这就是我国早期活字印刷未能迅速发展普及的原因。为此雕版印刷一直在我国古代占据统治地位。

到十九世纪后，现代机械化活字印刷传入我国，逐渐取代了雕刻板和我国古老的活字印刷术。

三、套版印刷

套版印刷术是在雕版印刷术的基础上发展起来的。它也是我国人民在世界印刷史上的一项重大贡献。

（一）套版印刷的原理及渊源

普通雕版印刷一次只能印出一种颜色，或黑，或朱，或蓝，故称之为"单印"。套版印刷则是在一张纸上印出几种不同的颜色。起初，人们是在同一块版上的不同部位，分别涂上不同的颜色，一次印成。如明万历年间徽州滋兰堂刻印的《程氏墨苑》，有些插图就是用的这种方法印成。严格地讲，这不能算套版，只能称之为"涂色"。到后来，人们才将需要印上不同颜色的部分，分别刻成同样大小规格的版，逐次印在同一张纸上。这种技术才叫作套版印刷术。用这种方法印出的书本称为"套版本"。套版发明初期，多用朱、黑两种颜色印刷，这样印出来的书称为"朱墨本"或叫"双印"。后来才发展到四色、五色套印。根据用色的多少，套印的书被称为"四色本""五色本"等。

木刻套版本渊源于朱墨两色写本。写本书时代，人们曾用不同的颜色来区分书中作用不同的文字，特别是在区分一书的正文和注文时，常用朱墨两色抄写。

显然，写本书这样做是比较容易的，而雕版印刷要做到

第七章 发明印刷 偏重雕版

这一点就困难了。在套版印刷术产生以前，一般印本书在只能有一种颜色的情况下，只好采用阴文、墨围、另行和小字双行等办法来区别经、注，以方便人们阅读，但毕竟不如直接用不同的颜色来区分效果好。这样，便促成了套版印刷术的产生。

（二）套版印刷术的发明与盛行

套版印刷术产生于何时？前人都以为始于明朝。这仅是根据文献记载而言。近人叶德辉在《书林清话》中也说："颜色套印书始于明季。"其实，明代已经是套印书盛行的时代。一九四一年发现了一部元末顺帝至元六年（一三四〇）中兴路（今湖北江陵）资福寺所刻《无闻和尚金刚经注解》就是用两色印出的。其经文为红色，注解为墨色，卷首灵芝图也是两色相间的。这本书原收藏在南京图书馆，今在台湾，曾一度被认为是最早的套印本。于是人们又以此把我国套版印刷的起源断定在元代。

一九七四年在山西应县佛宫寺释迦塔内发现了三幅彩印的《南无释迦牟尼佛》。据同时发现的其他文物相印证，其印刷时间当在辽统和年间（九八三——一〇一二），与元代《金刚经》相比早了三百多年。有人称它为最早的套印品。

一九七三年八月陕西省文管会对《石台考经》石碑进行

131

修整，在碑身背面与中心石柱连接处发现女真文书残页、《怀仁集》、王羲之书《圣教序》拓片和《东方朔盗桃》版画及宋、金时期钱币五十多枚。《东方朔盗桃》版画高一百零八厘米，宽五十五点四厘米，阳刻，用浓墨、淡墨及浅绿色套印在整张淡黄色细麻纸上。该版画似为坊刻，印卖的民间年画，像"平水系"（平阳）风格，为宋、金时期物。这是单幅的版画，是套印还是单版涂色未详，但年代要比《金刚经注解》早。

总之，这些考古新发现告诉我们，套印术发明的时间不能单以《金刚经注》为据断于元末，而应提前到宋辽金时期，与活字印刷术发明的时间不会相差太远。

套版印刷术盛行于我国明代后期（公元十六七世纪）。现存明代最早的套印书是明神宗万历年间安徽歙县印刷的《闺范》。我们今天常见的套印本，绝大部分是明万历间吴兴闵齐伋、凌濛初及归安的茅元仪三家所刻。前两家尤为著名，闵氏最早的套印本是朱墨本《春秋左传》十五卷，凌濛初著名的戏曲小说家兼出版家，著名的短篇小说集《初刻拍案惊奇》《二刻拍案惊奇》及杂剧《虬髯客传》《红拂记》等便是他编著的。他刻印的书中，以戏曲、小说为多，且多套印并有插图，都是聘请名家绘刻的，字迹笔画工致，绘图人物神态秀逸。其传世品除上述两部戏曲外，还有《琵琶记》

《明珠记》《幽闺记》和《南柯记》等。

　　套印本在清代也有所继承。官刻的有康熙年间的四色本《御制唐宋文醇》、五色本《劝善金科》及乾隆年间的五色本《昭代箫韶》等。民间私坊也有佳作，仅《杜工部集》就有道光年间涿州卢坤的六色本和广东叶云庵的五色本，颇受时人欢迎。

　　（三）饾版和拱花的发明

　　就在吴兴凌、闵二家大量出版套印本的同时，版画艺术也在徽州、金陵、建安等地蓬勃兴起。明代弘治以后，特别是万历天启年间，反映市民生活的戏曲小说风行。为了扩大销路，这些书又都附绘木刻插图，风格各异，争奇斗妍，其中尤以徽州的刻工技艺最为出色。这是由于徽州产墨，很多刻工原来就是雕刻墨模的匠人。此时，除了小说戏曲有插图外，还涌现了一批以图为主的绘画教学范本和供人欣赏的版画集，如《程氏墨苑》《方氏墨谱》《顾氏画谱》等。绘画、雕版和印刷技术的融合，逐渐形成了彩色版画套印术（今称木版水印），使我国古代的雕刻印刷术发展到了高峰。

　　把套版印刷和版画艺术结合起来，就是彩色版画套印术。分色分版的套印法，称为饾版。"饾版"是将彩色依次套印或叠印，最后形成一幅完整的彩色画图。这样印出的作品颜色的浓淡深浅，阴阳相背，几与原作无异。饾版得名，是因其形似饾饤。饾饤是一种五色小饼。"拱花"是用凸凹两版嵌合，使纸面拱起的办法，呈现浮雕的图像，与现代钢印的效果很相似，富有立体感，适于印鸟类的羽毛和山水。

饾版和拱花技术，很长时间曾被认为是明徽州人胡正言发明的。因为当时能见到的饾版拱花印本只有明崇祯年（一六四四）胡刻《十竹斋笺谱》和《十竹斋画谱》。一九六三年春，上海博物馆于浙西采访到明天启六年（一六二六）颜继祖用饾版印制的《萝轩变古笺谱》上、下两册。书前有颜继祖小引云："《萝轩变古笺谱》书成于天启丙寅。"丙寅即一六二六年，早于胡正言《十竹斋笺谱》十八年，是目前所见饾版刻印的最早传本。这部笺谱是江宁吴发祥四十八岁时在金陵刻成的。上海博物馆的这一珍藏目前已由朵云轩以木版水印法重新刻印，饾版拱花技术得到了继承和发展。

第八章 三大系统 流通出版

一、政府刻书

政府刻书即我们通常所说的官刻,指的是政府各级机关的刻书业,分中央刻和地方刻两种。中央政府刻书始于五代冯道奏请刻印"九经"。《五代会要》卷八记载:"后唐长兴三年(九三二)二月,中书门下奏请依《石经》文字刻《九经》印版,敕令国子监集博士儒徒,将西京石经本各以所业本经,广为抄写,仔细看读,然后顾召能雕字匠人,各部随帙刻印板,广颁天下,如诸色人等要写经书,并须依所印刻本,不得更使杂本交错。"所谓中书门奏请,是指冯道、李愚等人的奏请。所谓"九经"是指当时计划刻印的九种经书,即《易》《诗》《书》三礼、三传。据此可见,政府受了民间印刷书籍流行的影响,为标榜自己崇儒尊经,维持自己统治而采用印刷术刻印图书,从此便产生了政府刻书事业即官刻。

五代政府雕印《九经》是书史上一个重大的事件。它标志着我国书籍流通和文字传播方式开始进入一个新的阶段,即将由印刷方式代替过去的手抄、刻石等笨拙的方式。同时,它开辟了雕印儒家经典的先河。这样,一方面提高了印刷术当时的地位,另一方面也更有利于它的发展。因为印刷术用以刻经,又有政府支持,在写、刻、校、印等技术上要求更精了。

从数量上看,五代的官刻经书称得上是前所未有的大工程,动用了不少人力,历时二十余年,连经带注,一部书就有一百三十册。

宋代官刻分中央和地方两个系统,中央政府刻书主要集中于国子监。国子监是中国封建社会的最高学府和教育、出版管理机关。也是中央刻书的主要机构,书版也藏在国子监,所以其刻本称为"监本"。

宋朝国子监除了翻刻五代监本十二经外,又遍刻九经的唐人旧疏和宋人新疏。景德二年(一〇〇五)夏,真宗亲至国子监检阅库书,问当时的国子祭酒邢昺雕刻出来的经书版片有多少,邢昺回答说:"国初不及四万,今十余万,经、传、正义皆具。"(《宋史·邢昺传》)从九六〇年建国至

第八章　三大系统　流通出版

一〇〇五年不到半个世纪的时间里，国子监雕刻出的版片就增加了二十五倍。刻书最多的是北宋皇帝中在位最长的仁宗朝。许多大部头书的雕印都是仁宗在位时完成的。正经正史全部由国子监镂版颁行后，还校刻了类书、医书、算书等子部书的文选等。

除国子监从事官刻之外，崇文院、秘书监、司天监和校正医书局等中央机构也都有刻印。

宋朝官府刻书在北宋时期以中央为多，到了南宋则以地方为多。

南宋的地方官刻机构有许多不同名称。用地方政府公使库钱刻印的图书总称"公使库本"。所谓公使库，类似现在的招待所，本职是接待来往的官吏。据叶德辉《书林清话》载，宋朝有名的公使库多达十余处，公使库内往往设有印书局，专门刻印书籍。南宋地方各类官署如茶盐司、漕司、转运司、计台司、提刑司，以及各州学、军学、郡学、县学和书院也都有刻书。

宋代的刻书对中国和世界文化的发展有着深刻的影响。直到今天，我们的书籍形态上仍可找到宋版书的痕迹。宋版书的字体是后世各种印刷字体的源始。北宋毕昇发明的活字印刷术，对全世界的出版事业有着极大的影响。北宋初年雕印的"开宝藏",曾多次赠送辽、西夏、朝鲜、日本、越南。在这部印本大藏经的影响下,契丹、朝鲜都分别刻了《大藏经》。

元统治者懂得"善治器者必用良工,善守成者必用儒臣"的道理,因此,在入主中原之前,元统治者就兴办了官刻。太宗八年(一二三六)六月立编修所于燕京,经籍所于平阳,编集经史。元朝官府刻书机构,中央有秘书监的兴文署,艺文监的广成局,太史院的印历局及太医院的广惠局或医学提举司。

官刻本以兴文署的刻本最为著名。其中最早、最好的刻本是至元二十七年刻的《胡三省注资治通鉴》。艺文监掌儒书之蒙文翻译与儒书之校勘。艺文监所刻书流传很少。太医院有医书《圣济总录》等。其他中央官署也有刻书,如《至元新格》《大元通制》等,都是当时一些中央机关所刻。地方官刻以大德至元间九路所刻十七史最为著名。

在元朝的地方刻书中,书院刻书更有影响。书院有丰富的收入作为刻书的资本,而主持书院的"山长"又大都是有学问的人。他们刻书认真,刻本往往优于宋版。杭州西湖书院泰定元年所刻马端临《文献通考》三百四十八卷,刻印精良,字体优美,为元代刻本中的代表作。

第八章 三大系统 流通出版

明朝是我国图书事业大发展的时期，出现了内府本。明代内府刻书由司礼监的宦官掌管。这是明代的特点。司礼监经厂库设提督总其事，下有掌司四员或六员，在经厂居住，专管经书及《佛藏》《道藏》的刻印。所以司礼监刻印的书称"经厂本"。其刻书多为制诰律令及经史文集等，据《酌中志》和《古今书刻》统计，约有二百种。

明代也设国子监，并事刻书。明朝国子监有南北两个：南京国子监，多就其所藏宋元旧版，修补印行。其中"十七史"最为有名，称"三朝本"。"十七史"书版一直保存到嘉靖年间才由于失火被焚。

明代中央政府各部门也都有刻书。钦天监是掌管天象、历法的机构，除刻有《天文刻》之外，每年都要印行《大统历日》。太医院是为宫廷服务的最高医疗机构，刻有《铜人针灸图》《医林集要》《大明律直引》等书。

明代的地方官刻本有各省布政司、按察司所刻书。很多府县都刊刻本地地方志。各地儒要、书院、监运司等也间或刊印书籍。

明代的地方官刻中藩刻是一大特色。朱元璋曾把他的二十四个儿子和一个重孙分封到全国各地，除给予封地和厚赠外，还送给他们许多书，借以训诫他们自守，陶冶其性情，

139

消除其野心。这样，便使得一些藩王对学问产生了兴趣，对藏书、刻书也倾心乐为。当时有"海内藏书之富，莫先于诸藩"之说。明代藩府刻书，大都见于周弘祖《古今书刻》中。各藩王府所刻书籍称为"藩府本"或"藩刻本"。藩府刻书，以蜀府为最先，以宁献王朱权和晋庄王钟铉为最著。藩府所刻之书多以中央赏赐给他们的宋元善本作为底本，加上他们具有优厚的物质条件，本人也有一定的学术造诣，所以刻书中有许多佳作。如嘉靖年间晋藩所刻诸总集，万历年间吉藩所刻的诸子，崇祯年间益藩所刻的诸茶书等，都很有名，被称为藩府的三大杰作。

明代的官刻有三个特点：一是官刻单位多，从中央到地方的各级官府几乎都刻书，内府刻书在历史上还是第一次。二是官刻本数量大，涉及内容广，除儒家经典外，也有不少史书、子书和文集。明政府对刻书的限制不甚严格，所以上自朝廷谏诤之辞，下及市井通俗文学，都可成为刻书内容。三是刻书质量相差悬殊。藩府本为明代官刻本中的上品，经厂本次之，书帕本则为下品。

清代前期是中国封建社会行将就木的末世。但此时，日见衰败的封建社会又出现"回光返照"。其刻书事业也是在这一背景下，出现了一时的兴盛。

第八章 三大系统 流通出版

清前期的图书官刻业主要集中在内府。顺治年间的刻书风格与明经厂本大同小异。到了康熙十二年，改变了明代由司礼监经管官刻的制度，在武英殿设立了专门的刻书机构，改派翰林院词臣管理。此后的御制诗文、御纂经典等，统由武英殿刊版印行，故有"殿版"之名。殿版书籍以康乾时期为最精。康熙时任用博学鸿词科学士参与刻书，由翰林词臣负责殿本的编纂勘校，其水平自然就高于明代司礼监的太监。乾隆曾规定"有一字误，罚俸一年"，所以书的校勘极精。嘉庆以后质量就差些了。

除武英殿外，曹寅主持的扬州诗局也校刻图书。九百卷的《全唐诗》就是扬州诗局刊刻的。曹寅还刻印了自己的藏书和《佩文韵府》等。

清内府刻书的印刷形式也是多种多样的，有雕版、铜版、铜活字、木活字、彩色套印等。

综上所述，我们可以看出，清代前期的官刻，以内府所刻为最多、最精。无论是在刊刻工艺、用纸，还是在校勘、装订等方面，无不创造历史最高水准。而清代的地方官刻主要是印地方志等，善本并不多见，所以在清代刻书业中并不占主要地位。清代同治年间，洋务派大臣张之洞、李鸿章等在各地开办官书局，其时已进入近代。

二、私人刻书

私人刻书亦称家刻,是指私人出资校刻图书。由于刻书人以自己的名望为重,往往对于书本进行精细的校订或选择优秀的善本作底本进行翻刻,所以,一般说来,私刻本的质量是较高的。私刻本往往以"某堂""某斋""某宅""某府""某家塾"等字样为标记。

私人刻书始于五代。唐朝灭亡后的第二年,前蜀任知玄"自出俸钱",雇用良工,开雕杜光庭的《道德经广圣义》三十卷。这种由达官贵人和文人学士出资雇工的刻书业,就是世人所称的"家刻",即私刻。毋昭裔是我国早期最著名的私人刻书家。据宋王明清《挥麈录》记载:毋昭裔贫贱时,尝借《文选》于交游间,其人有难色,发愤曰:"异日若贵,当版以镂之,以遗学者。"后仕蜀为相,遂践其言。五代的私刻,除毋昭裔外,还有后周著名文学家和凝。他是后唐翰林学士,后晋初为端明殿学士,后晋天福五年为相,后周显德二年卒。和氏长于歌曲,"有集百卷,自篆于版,模印数百帙,分惠于人"(《五代会要·和凝传》)。前蜀乾德五年(九二三),昙域和尚搜集其师父贯休的诗稿一千首,"雕刻板部",题号《禅月集》(见《禅月集·后序》)。仅从这些片断记载,就可以看出印刷术的作用到了五代已为统治阶级上层知识分子所认识，并且已经开始利用这一成果了。

北宋的私家刻书，后世传本极少，可考者有仁宗宝元元年（一〇三八）监安进士孟琪所刻《唐文粹》，庆历六年（一〇四六）京台岳氏刻《新雕诗品》，嘉祐二年（一〇五七）建邑王氏翰堂刻《史记索隐》等。

到了南宋时期，私家刻书更为普遍。其中最著名的有陆游幼子陆子通所刻《渭南文集》，廖莹中刻印的"五经"及《昌黎先生集》和《河东先生集》，周必大刻印的《欧阳文忠公集》等。

家塾本也属于私刻的一种。在封建社会里，官僚、地主及富商大贾，往往都设立家塾，聘师教授自己的后辈。这种被聘的教师虽未必有什么科第功名，但往往却具有真才实学。他们在教书的过程中，常常就自己的志趣和所长，或自己著述，或校勘、整理、注释、阐明前人的著作，并依靠主人的财力，刊刻成书。宋代家塾刻本流传至今的，有黄善夫家塾刻印的《史记集解索隐正义》和《王状元集百家注分类东坡先生诗》，蔡琪家塾刻印的《汉书集注》，蔡梦弼东塾刻印的《史记集解索隐》等。此外，岳珂相台家塾所刻《九经》《三传》，建安刘元起家塾所刻《后汉书》，建安虞氏家塾所刻《老子道德经》等，也都见于著录。

元代的私人刻书并不逊色于宋朝。仅据《书林清话》所记，私刻也有四十多家。岳氏荆溪家塾所刻《春秋经传集解》和东平丁思敬刻《元丰类稿》，是至今仍存的著名元代私刻本。元代私刻中，有不少刻印质量很高的书，有的甚至超过了宋版。如平阳梁宅元贞丙申（一二九六）刻本《论语注疏》等，均好于宋刻本。

明代的私刻在明代刻书业中技术最高，刻本质量也最好。

明代前期，私刻不多，印书较少，传世者以游民所刻《资治通鉴》最为精美。

明代中期私刻异常活跃。正德、嘉靖年间的翻宋、仿宋刻书热潮，就是首先由私刻发起而又延及官刻、坊刻的。这一时期，不仅涌现出一大批著名刻书家，而且推出了不少精品，如吴县袁褧嘉趣堂影刻的仿宋本《大戴礼记》和《六臣注文选》，吴县的顾春世德堂刻《六子全书》，苏州徐时泰东雅堂的《韩昌黎集》，郭云鹏济类堂的《柳宗元集》，苏献可通津草堂的《论衡》和《韩诗外传》等。由于他们都是大藏书家，注重善本并精加校勘，所以刻书质量都很高。

明代后期，私刻业愈加繁荣。刻家中著名的有吴勉学、陈仁锡、胡文焕、毛晋等。晚明时期，最著名的私人刻书家和藏书家常熟毛晋，自明万历至清顺治的四十余年里刻书六百多种,十万多块书版。其中最著名的有《十三经注疏》《十七史》《六十种曲》《津逮秘书》等。毛晋有较完整的一套收购、校订、刻印、销售图书的机构。所刻书校勘认真,技术精良。版心下方都印有"汲古阁"或"绿君亭"的标记。由于毛氏刻书价格便宜,因而流传极广、影响甚大。数百年之后的嘉庆年间,仍有人利用遗存的汲古阁书版印刷书籍。直到今日,许多图书馆的藏书中都可以找到汲古阁的刻本。

明代私刻主要分布在江、浙两省。这是因为这两个地区是私人藏书家聚居之地,藏书家有精良的版本作为底本,刻书方便,质量也高,发展较快。

明代私刻的内容,以历代文集所占比重最大。另外,也刻了一些平话小说,如《清平山堂话本》及《雨窗集》等,对文学的发展具有重要意义。

清代的私家刻书,大体上可分为两类:一类是著名文人所刻自己的著作和前贤诗文。这类书大都是手写上版,即所谓"写刻",是刻本中的精品,世称"精刻本"。另一类则是考据、辑佚、校勘学兴起之后,藏书家和校勘学家辑刻的丛书、逸书,或影摹校勘付印的旧版书。这类书与当时的社会情况及学术研究风气密切相关。

清代的写刻精本,始于康熙,盛于乾嘉。当时的私刻,受殿本的影响，也兴起了精写上版的风气，出现了许多由名家精心缮写付梓的著作。如侯官名书家林佶手写汪琬撰《尧峰文钞》、陈廷敬撰《午亭文编》，王士禛撰《古夫于亭稿》和《渔洋精华录》等。嘉庆十五年（一八一〇）松江沈慈、沈恕的古倪园所刻唐、宋、元代妇人的集子，有唐《鱼玄机诗》《薛涛诗》，宋《杨太后宫词》及元傅若金妻孙蕙兰的《绿窗遗稿》，世称"四妇人集"，也都是著名的写刻本。

清代私刻的类型多为丛书，而且刻印精良。如鲍廷博的《知不足斋丛书》就被人称有二善：凡收一书必首尾具足，其善一也；必校雠精审后再镂版，其取材之精密，刊刻之谨慎，尤非他书可比，其善二也。同时，鲍氏雕版的书，以罕见者为主，不与时人争奇。其他如黄丕烈的《士礼居丛书》、卢文弨的《抱经堂丛书》、毕沅的《经训堂丛书》、孙星衍的《平津馆丛书》等，均极精善，皆一时之选。嘉庆年间阮元所刻的《十三经注疏》和《皇清经解》更是清代汉学家的重要贡献，是研究汉学所不可缺少的参考书。

三、书坊刻书

在政府刻书、私人刻书和书坊刻书三大系统中，坊刻不仅兴起最早、分布最广、数量最多，而且影响最大。官刻和

第八章 三大系统 流通出版

私刻就是在坊刻的基础上产生发展起来的。在由唐至清长达千年的历史中，全国各地出现了不少刻书世家，子承父业，世代相沿，苦心经营，历久不衰。他们不仅在刻书内容和版刻形式上形成了特有的风格，而且在保存古代文化遗产、传播民众文化、满足广大民众文化需求等方面作出了重要的贡献。

书坊，古代又称书肆、书林、书铺、书堂、书棚、经典铺等。其前身是在街头闹市以图书作为商品交换的坐贾书摊和沿街叫卖而为市井服务的书贩，其主体还是有固定作坊和刻工，以刻书、卖书为业的家庭手工业者。其业务范围远比今日的书店宽泛，不单贩书、售书，还要编书、刻书和印书，也就是说还有今日出版社和印刷厂的性质，甚至某些书坊主人本身就是著作者，再加上著书，其作用不容小看。

书坊刻书在刻书业中开始最早，地域分布最广，其印刷量也最大。最先采用雕版来印刷图书的就是民间书坊。所以，我们说坊刻是古代书籍生产的基本力量，是商品书籍流通的主体。

早期唐代的印刷品，除部分佛经是寺院所刻外，大部分为民间坊刻。在唐代印刷品实物上有名可考的刻家就有"成都府樊赏家""龙池坊卞家""西川过家""京中李家"等。

147

此时，在扬越、淮南、江东、江西、四川等地已经出现了一批以印售诗文集、历书、字书、阴阳杂著为业的手工业者。

到了宋代，坊肆书商的规模又有了发展。有些书坊专门接受委托雕印业务，刻印和售卖书籍。有的书坊拥有自己的刻工和印刷工匠，并聘人编辑新书，所以当时的坊刻之书具有名目新、刻印快、行销广的特点。

两宋书坊刻书，以建安余氏和临安陈氏最为著名。这两家书坊历史悠久，刻书很多。宋代余氏刻书家，可考者有余仁仲、余恭礼、余唐卿、余腾夫、余彦国等多人。早在十二世纪，余仁仲万卷堂所刻的经书就为余氏赢得声誉。他所刻的经书，"点划完好，纸色极佳"。临安陈氏以陈起父子最为有名。陈起，字宗之，号芸居，称陈道人，又称武林陈学士。他在文学艺术上有较深的造诣，好刻唐人诗集，有"字画堪追晋，诗刊欲遍唐"之誉。陈氏编辑出版的唐宋文集和笔记小说有近百种之多。

杭州中瓦子街张家书铺出版的《大唐三藏取经诗话》是现存宋人平话小说中最早的刻本。

在版刻艺术方面，发明了许多为广大读者喜闻乐见的刻印艺术形式，如纂图互注、加书耳、黑口，以及上图下文等都是坊间首先发明的。

元代的坊刻也规模甚大。元代福建建阳县沿袭宋代刻书风气，仍为书坊聚居之地，刻书最多。其中建安崇化坊余氏勤有堂、麻沙镇刘氏南涧书堂，以及刘锦文日新堂、虞平斋务本堂、郑天泽宗文堂、叶日增和叶景逵的广勤堂，均历史悠久。现存元代坊刻书籍多半是这几家的刻本。

从内容上看，元代的书坊所刻医书开始增多，仅建阳余氏勤有堂就刻了《太平惠民和济局方》《新编妇人大全良方》《普济本事方》等多种医书。

明代的坊刻颇有特色。一是规模空前。由于明初取消了书籍税，对手工业者采取了宽松的政策，因而建阳、南京、苏州等地不少老字号刻坊得以发展并长期延续下来。仅以建阳为例，郑氏崇文堂开业近三百年，刘氏日新堂近二百年，叶氏广勤堂和杨氏清江书堂也都有一百数十年的历史。早在宋代就以刻书而名扬海内的余氏，到了明代又有数十人同时从事刻书业，其中又以余象斗的三台馆和双峰堂为最著名，他编刻的《西游记》《列国志传》《三国志传评林》《水浒志传评林》《东西晋演义》《西汉志传》等书行销甚广，刻本至今犹存。

二是刻坊分布广，刻书数量大。除建阳外，南京、苏州、湖州、徽州、杭州、北京都是书坊的集中之地。如南京的书坊大多在三山街和太学前，可考者有五十多家。其中以唐姓书坊为最多。仅万历期间唐姓各家所刻经书、医书、文集、尺牍、琴谱及戏曲小说等就有数百种。

三是刻书内容丰富，面向民间。书坊所刻的书以供应人民大众日常所需为主。坊肆不但刻有医书和科举用书，还刻有状元策、童蒙读物和八股文等。有的书肆专刻小说、戏曲。不少流传至今的古典小说、元曲、明人杂剧等刻本均为他们所刻。

四是质量较差，旨在牟利。明代的坊刻是历代坊刻中最差的，不少书商为了牟利，使用多种手段，以假乱真，为坊刻本带来了不良的声誉。

五是编、刻、售合一，发展较快。书坊刻书发展到明代中后期，已不单是刻书匠户，而是集编辑、出版、发行为一体的书业专行。这种形式使书坊主人更能了解社会的需要，从而使编刻图书更加有的放矢。这样不仅增强了书坊本身的竞争力，而且也促进了刻书事业的发展。除上面所讲的余象斗三台馆、双峰堂和金陵唐氏富春堂外，如建阳书坊的熊宗立、熊冲宇的种德堂，都自撰、自编、自校、自刊了许多医书。熊宗立编印的《名方类证医书大全》被日本人称为医家至宝，在日本翻刻，成为日本刊行最早的医书。其后人熊龙峰、熊大林的忠正堂又编印了许多话本、小说，其中《北宋志传》和《大宋中兴英烈传》就是后世《杨家将演义》和《说岳全传》两部长篇的雏形。

清代的坊刻业更为兴盛，坊刻数量甚大。其中最著名的要数席氏扫叶山房。该书肆从明代后期一直经营到一九五五年，刻印过经、史、子、集、笔记小说及通俗读本等各类书籍达数百种。清末到民间初年，扫叶山房不但在上海、汉口开设了分号，还采用了铅印、石印等先进技术，继续印书，行销全国，流传至今。

北京为清政府所在地，是政治文化中心。琉璃厂、隆福寺等地书坊林立。京师的书坊，有的以贩卖为主，有的兼作雕版印行。其中的老二酉堂是由明至清末历经数百年的老店。

清代书坊所刻之书大部分是村塾采用的四书五经和启蒙读物，此外还有医、卜、星相、佛经、农书、类书、小说等。这些刻本，不为藏书家和士大夫所重视，大都行销民间，所以保存下来的很少。

综上所述，我们可以看出坊刻作为古代书籍生产的形式之一，不仅有其鲜明的特点，而且在推进我国图书事业的发展、传播和保存古代文化遗产方面有着重要的贡献。从保存文化典籍方面看，宋元时代的图书保存下来是很不容易的，经过历史上的天灾人祸、多次焚劫，我们今天仍可看到六七百年前杭州陈氏、建阳余氏等工艺精美的产品，由此也可以想见这些刻书家在当时印书数量之大。

从传播文化方面看，由于这些刻书世家从他们诞生时起就生存于民间，并以人民大众的需要为动力，所刻的书逐渐形成了雅俗共赏、重在实用、不断创新以及品种多、印量大等特点，所以就更有利于书籍的销售与流通。

从发展文化方面看，尽管书坊家的某些刻本存在着诸如纸墨粗劣、校勘不精等缺点，但从总体上看，他们在普及文化、满足群众需要以及促进印刷术发展等方面的功绩是主要的。他们的刻书活动繁荣了当时的文艺创作，活跃了书籍贸易，推动了造纸、制墨等有关手工业的发展，对后世和世界文化的发展有着深远的意义和影响。

第九章　版本辨伪　辑佚校勘

我国古代治书之学十分发达。早在先秦，一些明识之士就进行了一些初步的图书编辑整理活动，像孔子的删诗书、定礼乐就是典型事例。由政府组织的大规模的、全面的图书整理活动则是从西汉末年的刘向开始的。由此看来，在我国古代，图书的整理校勘活动可分为两大类：一类是因学术研究或教学、编辑、出版而进行的图书整理活动，一般是由私人分散进行，多为某一领域的专家，领域较窄，工作较为专精深入，基本上是零散进行。这类专家有春秋之孔子，汉代司马迁、郑玄、高诱，唐代颜师古、陆德明，宋代王安石、朱熹，明代祁承㸁、毛晋，清代惠栋、钱大昕、戴震、段玉裁、卢文弨等。另一类则是政府组织的大规模、全面系统的图书整理活动。由于有"皇家"的背景，所以可以"广征天下遗书"，达到总括天下学术的规模，工作量固然很大，但可以集中一大批各有所长的专门人才，分兵把口，长期开展下去。姚名达在《中国目录学史·校雠篇》中，对我国古代皇家校书活动作了比较全面的统计，所得数字计有汉代七次，魏吴两晋六次，南北朝十余次，唐代四次，宋代五次，清代一次。这些校书活动大都与目录工作配合进行，所以伴随一次次大规模的图书校勘整理，产生了系列大型的皇家秘阁书目。这两类活动经过总结提高就是有关辨伪学、版本学、校勘学、辑佚学以及目录学等治书之学的成熟和发展，并结出累累硕果。

一、古籍辨伪

辨别古籍真伪，最早始于先秦。春秋战国时期流传的古书就真伪相掺。一是当时人们崇古，认为远古的社会是最理想的黄金时代，入世的诸子在著书时，便利用时人好古心理，把自己的主张、理想套在古代圣贤头上，远则托之于神农、黄帝，近则托之于尧舜、周公。这样伪书就多起来了。二是商周时早期文献经过多年流传，难免有误，甚至将远古神话传说也作为真实历史写进文献。三是朝代更替，后朝对前朝极力诋毁，有意歪曲历史面貌，孔子的学生子贡看到周王室歪曲商朝的文献，就发出"殷纣王再坏，也不至于如此，怎么把天下之恶都归到他一人身上"的感慨。春秋战国时各国

第九章　版本辨伪　辑佚校勘

诸侯都实行为我所用的政策，凡不利于自己统治的书籍，统统销毁。同时，编出一些有利于自己的书，这就是伪书、伪史产生的条件。

孔子在整理六艺时，就对古文献进行了一番真伪考辨。他主张"择善而从""多闻阙疑""述而不作"等，都反映了孔子对待古籍的态度。孟子曾说："尽信《书》，则不如无《书》。"他说，我看《尚书·武成篇》也就取二三策而已，仁人是无敌于天下，以周武王这样至仁之师伐殷纣王至不仁，何至于血流飘杵呢？孟子这里的"书"是指《尚书》，他这种不尽信书的态度有积极意义。韩非子也说过，孔子、墨子都称道尧舜，然而取舍不同，又都自称是真尧舜，三千年前的尧舜不会再复活了，谁能确定儒、墨所托的尧舜是真是假呢？古书古说要有依据，要经过验证才能确定，否则就是愚昧和欺诬。(《韩非子·显学》)

汉代以后，统治阶级常下诏求书，某些投机取巧之士为贪赏牟利，便制造伪书。如汉张霸造《尚书百两篇》，刘炫伪造《连山》《鲁史》沽名邀赏。另一种情况是封建士大夫在学术上有门户之争，互相轻视，彼此攻击，或在政治上党同伐异，采用伪造古书的方式，攻击诬陷。前者如魏王肃伪造《孔子家语》以压倒郑玄；后者如唐牛李之争时，李德裕门人韦瓘用牛僧儒的名义伪造《周秦行纪》来陷害牛僧儒。以上均为有意作伪,无意作伪的则是由于后人失于明察而误断所致。如《越绝书》实为汉袁康、吴平撰,而《隋书·经籍志》《旧唐书·经籍志》《新唐书·艺文志》均误为子贡撰。

通过《汉书·艺文志》我们可知刘向刘歆父子通过校录群书,在考证古书的真伪及时代方面做了大量工作。东汉马融《书序》辨《尚书·泰誓》之伪,为辨伪之力作。魏晋南北朝社会动乱,书籍散亡,王肃、梅赜、姚方兴等伪造古书,有的很快被揭穿,有的直到清代才被识破。唐代颜之推、刘知几、柳宗元,宋代欧阳修、吴棫、程大昌、王应麟、程颐、朱熹等,于辨伪皆有成绩。辨伪之专著,有明胡应麟《四部正讹》,清姚际恒《古今伪书考》、崔述《考信录》、梁启超《古书真伪及其年代》以及顾颉刚与古史辨派学者编写的七册《古史辨》。

二、版本鉴定

"版本"一词,最初是指雕版印刷的书籍。后来又把稿本、写本、传抄本、批校本、拓印本、影印本、石印本、活字本、套印本都包容在内,进而把雕版印刷发明前的简牍、帛书和纸写本书,甚至朝鲜、日本等国早期用汉字抄写、雕印、活

第九章 版本辨伪 辑佚校勘

字排印的书都包括进来。版本可以理解为问世图书的各种形式之总称。

（一）版本学的研究对象及起源

广义版本学的研究对象为包括一切形式在内的各种图书。中国古书版本学是以中国古代图书为对象，以版本鉴定为核心，以考订为主要方法，凭借多学科知识，借助校勘学，利用目录学完成全面揭示古书任务的辅助性学科。其研究范围包括各种图书版本发生发展的历史，各种图书版本的异同比较，以判定时代，品评优劣，总结特点，概括规律。研究版刻、印刷、装帧技术的演变及成就，不仅要研究印刷墨色、字体刀法、藏书印记、版式行数、装帧样式，更应该利用不同版本间文字上的差异变化，研究作者的思想倾向、时代色彩、政治变化等。总之，版本学应该形式与内容并重，两者不可偏废。

至于版本学的起源，有人认为始于宋代，从尤袤的《遂初堂书目》谈起，这就太晚了。且不说其学滥觞于商周彝器、秦诏莽量之同文异范，就是西汉景帝时的河间献王，也已经很注意旧本、传本，从民间得到的"善书"，好好抄录一部奉还主人，并把原来的正本留作自己珍藏，这无疑是考究版本的典型事例。汉成帝时刘向整理国家藏书，也是从广罗异本开始。有了备众本这一先决条件，才能完成下面的校异同、删重复、订讹脱、谨编次、撰叙录等各项程序。南北朝时的颜之推，在其《颜氏家训》中不仅讲了《蜀都赋》中，有人把"芋"抄成"羊"字而出的笑话，而且还列举了众本之名，如江南本、河北本、俗本、江南旧本、江南书本等，即已注意到著录、区分、比勘各种版本的优劣异同。唐初，太宗李世民曾于贞观四年（六三〇）下令，"经籍讹舛，今后并以六朝旧本为证"，这是帝王也重视版本的实例。当然，雕版印刷术发明后，版本学发展更为兴盛。著名的大家有晁公武、陈振孙、岳珂、廖莹中、马端临、叶盛、陈第、钱谦益、季振宜、徐乾学、黄丕烈、顾广圻、鲍廷博、瞿绍基、莫友芝、叶昌炽、傅增湘、张元济等。他们大都编纂有版本目录和版本学著作，可以称得上是人才辈出、著述如林。

（二）版本鉴定的方法

识别鉴定版本时代及真伪。其法有：①根据原书序跋鉴别；②根据书牌木记鉴别；③根据后人题跋识语鉴别；④根据刻工姓名鉴别；⑤根据书中讳字鉴别；⑥根据行款字数鉴别；⑦根据地理沿革鉴别；⑧根据机构、职官鉴别；⑨根据衔名尊号谥号鉴别；⑩根据书名冠词称谓鉴别；⑪根据卷端上下题及卷数变迁鉴别；⑫根据藏书印记鉴别；⑬根据各家著录鉴别；⑭根据版刻或抄写的字体、墨色、用纸、装帧等鉴别；

⑮根据原书内容鉴别。总之，鉴别古书版本所需的经验和知识是极其丰富的，前人曾有八个字的概括，叫作"眼别真赝、心识古今"。就是说，鉴定古书版本既要有丰富的识别经验，又要有渊博的古今知识，二者缺一不可。

（三）善本书的条件

在版本鉴别的基础上，产生了"善本"的概念。所谓"善本"，就是好的版本，最早是欧阳修提出的。他认为"屡更校正，时人共传"，在文字上没有讹错就可称善本。如果按这个标准去判断善本，就会有不少孤版珍本被淘汰，那将是非常可惜的。因此，清末张之洞提出"善本三义"：一要足本，即内容没有缺漏和删节；二要精本，即经过仔细的校对和注释；三要旧本，即年代较早的本子。他把时间划到明代和明代以前。杭州丁丙在《善本书室藏书志》中列出四条标准：一曰旧刻，指的是宋元刊本；二曰精本，主要是洪武至嘉靖刻本择其最佳者，万历以后则要雕刻既精，世鲜传本者；三曰抄本，主要是名家抄本与影宋抄本；四曰旧校，主要是卢文弨、黄丕烈、孙星衍等所校之本。

今天，我们对善本的含义规定为三性：一是因年代久远而具有的"历史文物性"；二是内容有重要参考价值的"学术资料性"；三是印刷考究、装帧精美的"艺术代表性"。

符合三性中的一条，即可称善本。具体还有如下诸条，符合其中之一，即可归入善本：①明代和明代以前刻印的图书；②清代乾隆时期和乾隆以前流传较少的印本和抄本；③太平天国及历代革命政权刻印的图书；④辛亥革命以前在学术研究上有重要参考价值的稿本或流传很少的印本和抄本；⑤辛亥革命前有名人批注、题跋而有参考价值的印本和抄本；⑥能反映我国印刷技术、代表一定时期印刷水平的各种活字本等。现在全国各图书馆、博物馆等文化单位都按照以上标准对所藏古籍进行了比较和鉴定。编印出了《中国古籍善本总目》，实现了周恩来总理的遗愿。这是新中国成立以后古籍整理的一项全国性的联合工程，对中国文化和世界文化都具有重大的影响。

三、精校细勘

校勘，又称校雠，就是将不同版本的古籍加以对比，审定原文之正误真伪。张舜微先生在《中国校雠学叙论》一文中提出，校雠学"实际上包括了版本、校勘、目录三方面内容。这三者便是校雠学的具体部分。假使缺损其一，都不能成为完整的校雠学"。实际上，这三门学问关系固然十分密切，但又各自独立成学。

第九章 版本辨伪 辑佚校勘

（一）校勘的意义

"校雠"一词，最早出自刘向的《别录》："校雠者，一人持本，一人读析，若怨家相对，故曰雠也。"古书在流传中，不论是抄写还是印刷，难免会出现脱（丢了字）、衍（多了字）、讹（错了字）等现象。孔子的得意门生子夏经过卫国时，听到有人读史说"晋师三豕涉河"。子夏纠正说："错了，是己亥，不是三豕，'己'与'三'形近，'豕'与'亥'相似。"经过核对，果然为"晋师己亥涉河"。

分析古书致误的原因，可分为四方面：一是如上面例子，由于小篆以前的古文形近而讹，隶、楷、草书仍有形近的问题，所以有鲁鱼帝虎之说。二是早期简策绳子容易朽断，造成断篇残简，重新编排十分不易，致有漏简、脱缺现象。据言《风俗通》的传本至少脱去五百九十多条（从《群书拾补》可知），成语"吴牛喘月""众志成城"以及"月与星并无光，日照之乃光"这样的珍贵史料，都在佚文之中。三是刻印抄写者无知妄改的，不识古字，不知古义而误断。如"壮月"本是八月的别称，李清照的《金石录·后序》题为"壮月朔"（八月初一）竟被刻印者改为"牡丹朔"。四是不良书贾唯利是图，或偷工减料，以残充全，或以假乱真，伪造牌记藏章，不择手段，花样翻新。因此，校雠工作必不可少，致成专门之学。一部《二十一史》,明北监本、汲古阁本都有许多误漏,清代武英殿本稍好些,但与"百衲本"相比,误处仍很惊人,有一处就脱去二百多字。张元济博采善本,加以合校,写出《校史随笔》,并给我们提供了较为优秀的《百衲本二十四史》。许多书都是先校后刻,否则讹误百出,殆不可读。

李致忠先生在总结校勘的作用时,归纳出五条:①校勘可以出善本;②校勘可以别优劣;③校勘可以判源流;④校勘可以辨真伪;⑤校勘可以定版本。他认为版本学是从校勘学中脱胎而来的,脱胎后的版本学又反转过来利用校勘来营养、滋补、充实、完善自己,真正的版本学,从来就不能脱离校勘学,这是符合实际的。

(二)校勘的方法

陈垣先生对《元典章》精校细勘,得谬一万二千余条,并于一九三一年写成《元典章校补释例》一书,后更名为《校勘学释例》,是对校勘方法的总结。在第六卷"校例"中,他指出校勘四法:

一为对校法。以同书之祖本或别本对读,遇不同之处,则注于其旁。凡校一书,先用此法。

二为本校法。以本书前后互证,而抉摘其异同,则知其中之谬误。

三为他校法。以他书校本书，凡其曾有采自前人者，可以前人之书校之，有为后人所引用者，可以后人之书校之，其史料有为同时之书所并载者，可以同时之书校之。

四为理校法。遇无古本可据或数本互异，而无所适从之时，须用此法。

此外还可用参校法，即用一切可供参考的材料校本书，包括甲骨、金石、民俗、方言等各种记载，均可作为校勘的参考。《颜氏家训·书证》中记载，颜之推利用铁权之上的铭文校正《史记·秦始皇本纪》，校出丞相"隗林"，当为"隗状"，十分令人信服，是参校法的典型事例。

前人校书，已出不少成果，如《经典释文》《十三经校勘记》《十七史商榷》《二十一史考异》《校史随笔》《诸子平议》《读诸子札记》《群书校补》等，还有不少校书跋，都可供研究参考。

四、辑佚补缺

历代典籍，经水火兵燹，多有亡佚。"佚"，或作"逸"，当"失去"讲。佚书是指失去不传的书。有些佚书名亡而实不亡，在其佚失之前，它的一些章节、语句曾被其他古书、古注、方志类书、总集引用过，因此而保留下来。辑佚书就是把各类传世古书中所征引的原佚书的某些章节、语句搜集起来，掇拾补录，以存原书的残篇及概貌。

祁承㸁在《澹生堂藏书约》中说："如书有著于三代而亡于汉者，然汉人引经多据之；书有著于汉而亡于唐者，然唐人之著述尚存之；书有著于唐而亡于宋者，然宋人之纂集多存之。"他本人在阅读古书时，就经常注意失传的前代之书，如被引用，或者散见于注解之中，他也分别检录出来，辑到一起。如在宋代类书《太平御览》中辑出《周易坤灵图》《禹时钩命诀》《春秋考异邮》《感精符》之类，在《北堂书钞》中辑出《会稽典录》《汉纪》等。

辑佚工作始于宋。王应麟辑郑玄《周易注》《尚书注》及三家诗（即《诗经》的齐、鲁、韩三家说）为辑佚之始。也有人提出，在此之前，有辑《相鹤经》者。明代孙珏辑了一部《古微书》，是专辑"纬书"的。张溥的《汉魏六朝百三名家集》开始辑录诗文。陶宗仪之《说郛》辑录明代以前的小说史志，都很有影响。清代考据学大兴，他们推崇汉学，而汉代经说由于时代久远，大部分散佚了。因此，这些校勘考据学家又千方百计地去搜集古经解，于是又成了辑佚学家。政府组织的有四库全书馆，周永年等人从《永乐大典》中辑出佚书四百四十八种。经史子集四部典籍都有，不少是部头可观的失传已久的名著，如《旧五代史》《建炎以来系年要录》

第九章 版本辨伪 辑佚校勘

《续资治通鉴长编》《周髀算经》《农桑辑要》《苏沈良方》《宝真斋法书赞》等。私家辑录更为可观。其中最著名的有黄奭的《黄氏逸招考》（又名《汉学堂经》）分四类：《汉学堂经解》一百一十五种，《通纬》七十二种，《子史钩沉》八十四种，《通德堂经解》十七种。马国翰的《玉函山房辑逸书》，其中：经编四百五十三种（缺二十一种），史编八种，子编一百七十二种（缺十七种），计五百六十九种。还有严可均的《全上古三代秦汉三国晋南北朝文》共七百四十八卷。

张舜微先生在《中国文献学》一书中对辑佚的方法和途径作了总结，他指出取之唐宋类书，以辑群书；取之于史及汉人笺注，以辑周秦古书；取之唐人义疏，以辑汉魏经师遗说；取之诸史及总集（如《文苑英华》之类）以辑历代逸文；取之《经典释文》及一切经音义（以慧琳《音义》为大宗），以辑小学训诂学。近人刘咸炘早年写过一本《辑佚书纠缪》指出辑书的过去学者在辑佚工作中容易犯的四大弊病：漏、滥、误、陋等，都切中辑佚家的通病。

所谓"补缺"，又称"补足""补遗"，是指搜集材料，补充古书中的缺漏使之完备。还有的是对正史中表、志进行辑补，有的学者认为从某种意义上说，补缺是一种新的撰述形式。

第十章　官修私撰　巨帙宏篇

编纂卷帙浩繁的巨型类书、丛书，是古代中国博大文化事业的又一特点，直观形象地显示了中国古代图书典籍的宏富壮观。

类书是将古籍中的各类资料加以汇辑，按类或按韵编排，以便寻检、征引的工具书。由于它博采群书，随类相丛，又称古代的百科全书。中国最早的类书始于三国时魏文帝曹丕命令王象等儒臣编纂的《皇览》。这部书分四十余部，共八百余万字，从延康元年（二二〇）开始编撰，花了几年时间，为类书之祖。魏晋南北朝时也编了不少类书，较著名的有《华林遍略》和《修文殿御览》。前者七百卷，后者三百六十卷。可惜均已亡佚不存，只在敦煌发现少量残卷。现存最早的私撰类书是虞世南在隋朝任秘书郎时，在秘书监（也称北堂）摘辑的《北堂书钞》，原书一百七十三卷，今已不全。现有

第十章　官修私撰　巨帙宏篇

最早的官修类书是唐高祖李渊令欧阳询等人，在武德七年（六二四）编辑的《艺文类聚》一百卷，七百四十余类。唐玄宗李隆基为其儿子作文时查事类辞藻，命徐坚、张说等人编了一部《初学记》，全书三十卷，三百一十三类。还有一部白居易私人编撰的《白氏六帖》三十卷，以上为唐代著名的四部类书。

宋代初年，官修了四部类书，分别为《太平御览》《册府元龟》《文苑英华》《太平广记》，除最后一部五百卷外，前三部均一千卷。宋朝士大夫自编的类书，有王应麟的《玉海》二百卷，吴淑的《事类赋》三十卷，高承的《书物记原》十卷，祝穆的《事文类聚》前集六十卷、后集五十卷、续集二十八卷、别集三十二卷，大致仿《艺文类聚》。但总体上看，宋代类书在数量、种类和部头上均超过唐代。金元两朝官修类书很少。

明清的类书，有更大发展。明代官修类书，最杰出的当数《永乐大典》，其余无可称道。私修的不胜枚举。清代官修类书规模最大、体例最完备的当数《古今图书集成》。此外官修的还有《佩文韵府》《骈字类编》《数理精蕴》《渊鉴类函》《子史精华》等，大都为康熙朝编撰。私修的有陈元龙的《格致镜原》、魏崧的《壹是记始》、潘永因的《宋稗类钞》等。

我国古代还将多种著作整部地编在一起，加上一个总书名，即为丛书亦称丛刻。其功绩就是广泛网罗散佚书籍，"荟萃古人之书，并为一部"，对于保存文化遗产有重要意义。仅据《中国丛书综录》一书的统计，就收录了丛书二千七百九十七种，著作三万八千八百九十一部，这还是不完整的。在历代所编的丛书中，规模最大、影响最广的是清代官修的《四库全书》，它和《永乐大典》为我国图书事业史上最有代表性的两部大书。

一、《永乐大典》

《永乐大典》是我国最大的类书，也是举世共誉最早最大的"百科全书"。全书二万二千九百三十七卷，其中仅凡例和目录就有六十卷，约三亿七千万字，共装成一万一千零九十五册。它是从明成祖永乐元年（一四〇三）到永乐六年（一四〇八）编成的。

（一）《永乐大典》的编纂经过

燕王朱棣以"靖难"为名，夺取了惠文帝的帝位，改元永乐。因为他是借故篡取帝位的，故而自有一班旧臣怀念故主而心中不平。对此，朱棣采取了恩威并用的两手策略：一方面对拒不从命者大开杀戒；另一方面采用了宋太宗诏修《太平御览》的故智，以文治来笼络天下文士。编修《永乐大典》即其修文拢士手段之一。

此外，《永乐大典》的编修，又是整个社会政治文化发展的需要。明王朝取代蒙古贵族建立的元朝，一个重要的任务就是复兴在元代不甚发达的文教事业。通过《永乐大典》这样一部博采古今的大类书，对汉民族的传统文化，包括工技、农艺等杂家之言进行系统整理与总结，这同征集图书、广开学校等政策一样，都是这一任务的组成部分。

永乐元年（一四〇三）七月，根据明成祖的指示，解缙汇集学者百余人，博采众书，分门别类，依韵纂辑了一部大类书，于次年冬呈上，成祖赐名《文献大成》。但是，由于编纂匆促，内容简略，"上览所进之书，尚多未备"，遂命重修，并令太子少保姚广孝、刑部侍郎刘季篪与解缙同为监修，开馆于南京文渊阁。永乐六年（一四〇八），重修《文献大成》毕，书上，改赐名《永乐大典》。

（二）《永乐大典》的内容

就知识门类之齐全，收录范围之广泛而言，《永乐大典》可以说是包罗万象，"凡书契以来经史子集，百家之书，至于天文、地志、阴阳、医卜、僧道、技艺之言",均辑书中。"上自古初,迄于当世……包括宇宙之广大,统会古今之异同"(朱棣《永乐大典》序,见钱大昕《十驾斋养新录》十三),全书辑录古籍七八千种,将明朝皇家图书馆——文渊阁藏书囊括殆尽。

(三)《永乐大典》的价值

它收集了许多后世无传本的书,保存了许多失传的古籍。后来清代乾隆年间在修《四库全书》时,曾在《永乐大典》中辑出古代佚书三百八十五种,四千九百二十六卷。此后,又有些学者从中辑出许多其他的书,先后总计辑出的书达五百余种。其中如北宋薛居正所撰《旧五代史》和《宋会要辑稿》,具有极高的文献价值。其他如《建炎以来系年要录》《东观汉记》《大元海运记》《农桑辑要》《水经注》《永徽法经》《续资治通鉴长编》等脍炙人口的名著,也多是由《永乐大典》辑出或经《永乐大典》校补的。《永乐大典》保存了不少农学、科技、手工业、民俗文学、释藏道经等作品,而这些又是后来的《四库全书》不以为重的著作。仅以"戏文"为例,《四库全书》以为有乖雅正,全部摒弃。《永乐大典》则收罗甚多,仅卷一万三千九百六十五至一万三千九百九十一就收有戏文三十三种,卷二万零七百三十七至二万零七百五十七又收杂剧九十种。由此可见,《永乐大典》对于历史典籍的整理和保存,是具有巨大价值和功绩的。另外,还应指出的是,《永乐大典》所辑之书,皆一字不改,都照原著整部、整篇或整段分别编入,这也是《四库全书》所不可比及的。

(四)《永乐大典》的收藏

《永乐大典》在南京编成后,因卷帙浩繁,工费太大,未能刻版付印,只抄了一部,收藏在南京文渊阁。永乐十九年(一四二一)明朝迁都北京后,将它搬到北京,藏于文楼(即现在故宫午门的东角楼)。到嘉靖四十一年(一五六二),明世宗又派徐阶、程道南、高拱、张居正等一百人,监督书手一百零八人,经过六年,抄成了副本一部(一说两部)。正本藏在文渊阁,副本藏在皇史宬。

(五)《永乐大典》的散佚

在封建社会里,这部"搜罗尽天下之书,纂校尽廷臣之力"的"奥典",一直被统治阶级垄断,成为他们炫耀"文治"、御而不用的装饰品。正是这种"藏而不流"的封建文化专制主义,造成了《永乐大典》散亡的大悲剧。《永乐大典》正本被焚于明亡之际。副本在明、清两代也屡遭厄运,以致最后严重散佚。早在《永乐大典》录成之初,即由于贪官污吏的监守自盗而开始流散。清修《四库全书》时,《永乐大典》

已佚去近二千册。《永乐大典》在清代移藏翰林院后,接触它的人多了,但也增加了它被盗的机会。刘声木《苌楚斋随笔》记录了他们的盗书之法:"早间入院,带一包袱,包一棉马褂,约如《永乐大典》二本大小,晚间出院,将马褂加穿于身,偷《永乐大典》二本……包于包袱内而出也。"一八六〇年之后,利欲熏心的封建官僚们更厚颜无耻地同洋人勾结,偷卖国宝。他们偷到《永乐大典》后,往往"密迩各使馆",以一册十两银子的价格售于其洋主子。经过这样丧心病狂的盗卖,《永乐大典》亡佚速度极快。据缪荃孙的调查,光绪元年(一八七五)重修翰林院时,《永乐大典》已从乾隆时的九千余册降到不及五千册。仅一年后,又被盗出近二千册,至一八九三年又有两千四百册不翼而飞,只剩下六百多册了。一九〇〇年八国联军侵入北京,仅存的六百多册《永乐大典》又惨遭厄运,其中大部分被焚毁了,另有一部分被抢劫而去,剩下的可以说是寥寥无几。据雷震《新燕语·斯文扫地》载:"洋兵入城时,曾取该书之厚二寸长尺许者以代砖,支垫军用等物。武进刘葆真太史拾得数册,阅之则《永乐大典》也。"到宣统元年(一九〇九)筹建京师图书馆时,则只有六十四册了。

（六）《永乐大典》的现状

新中国成立以来，我国政府对《永乐大典》的搜集、整理、利用极为重视。新中国成立初期，北京图书馆仅藏有《永乐大典》原本一百一十册，到一九五九年就增加到二百一十五册，同年，中华书局将北京图书馆所藏的原本、仿抄本和从国外拍摄的摄影本、缩微胶卷本、旧影印复制本共七百三十卷，影印出版。影印本缩小，分装二百零二册。虽然不是原来的面貌，但使五百年来唯一的孤本有了部分的复制本，为学术界提供了珍贵的古籍资料。

近年来，又征集到六十七卷，都已影印出版。如果把国内外各类图书馆和私人所收藏的加在一起，估计尚有四百余册存在人间。这些存书还不到全书的百分之四。

二、《四库全书》

《四库全书》是我国古代最大的一部丛书。这部大书收集了从古代到当时的著作三千四百七十种、七千九百零一十八卷，分装三万六千零七十八册。至今，世界上尚无一部书籍的规模可与之相比。

（一）《四库全书》的编纂情况及其内容

《四库全书》是按照清高宗乾隆的旨意编的。乾隆三十七年正月（一七七二年二月），下诏各省征集图书。次年二月，成立了《四库全书》编纂馆，当时领导这项工作的是乾隆特派的三位皇子和几位军机大臣。实际上负责这项工作的是总编纂官纪昀和总校官陆费墀。先后任命正副总裁以下官员三百六十人，参加抄写、装订的有三千四百六十六人。

《四库全书》收录的图书，大体可分为六个方面：第一是内府本，是原来储藏在宫内的旧刻本和抄本；第二是大典本，是从《永乐大典》中辑出的逸书，有三百八十五种；第三是采进本，是从各省征集搜求的书，达一万二千零五十四种；第四是敕撰本，是清朝编纂的各种官书；第五是进献本，是当时藏书家应乾隆之令进献的书；第六是通行本，是采购来的社会上流行的书。

对收集来的图书，编辑者分为五种来区别对待：凡清朝皇帝著作、皇帝命写的图书和他们认为是最好的图书，列为"应刻图书"，除了收进《四库全书》外，还要刻印发行；凡有利于清廷统治的君主专制的图书，列为"应抄图书"，收进《四库全书》；凡不符合上述两条标准的图书，又不在禁止之列的，列为"存目图书"，只在《四库全书总目》里保存书名，不收入《四库全书》；凡是不利于清廷统治的图书，都被列为禁止流传和销毁图书，并编制"禁毁书目"；凡戏曲、小说皆不收录。

（二）《四库全书》的收藏及存毁

为了收藏《四库全书》，乾隆仿照宁波"天一阁"式样，在北京皇宫建造文渊阁，在圆明园建造文源阁，在热河避暑山庄建造文津阁，在盛京(沈阳)建造文溯阁，这就是所谓"北四阁"。后来，又在江苏镇江金山寺建造文宗阁，扬州大观堂建造文汇阁，浙江杭州西湖行宫建造文澜阁，这就是所谓"南三阁"。七部《四库全书》分藏于上述七阁之中。

文渊阁藏《四库全书》是最先完成的一部，抗日战争前后曾运到上海、重庆，一九四八年被国民党政府带到了台湾省。现有影印本行世。文源阁藏本咸丰十年（一八六〇）被英法侵略军火烧圆明园时焚毁。文津阁藏本于一九一五年从避暑山庄运到北京，交北京图书馆收藏。文溯阁藏本原归辽宁省图书馆收藏，一九六六年经文化部批准，调归甘肃省图书馆代管。文宗阁和文汇阁藏本咸丰三年（一八五三）毁于战火。文澜阁藏本于咸丰十一年（一八六一）一月太平军第二次攻进杭州时，有些人趁火打劫，抢出过半，散佚很多，一九一五年至一九二二年又组织人力补抄四千四百九十八卷，使它复于齐全。现藏浙江省图书馆。

（三）《四库全书》的价值及影响

这部巨作的完成，显示了中华民族的伟大气魄，体现了我国古代知识分子的智慧和毅力，其功绩是不可磨灭的。《四库全书》系统地保存了我国古代文化遗产。编纂人，如纪昀、陆锡熊、邵晋涵、周永年、戴震、朱筠等，确是尽职尽责。他们从《永乐大典》中辑出了五百多种非常珍贵的书，一一辨别真伪，考究版本，叙述书旨大意，撰成《四库全书总目提要》，使读者得以了解各书的内容及版本源流。由于《武英殿聚珍版丛书》的广泛流传和南三阁《四库全书》的对外开放，为再编新书创造了条件，使新的丛书频频出现，促进了我国出版、印刷事业的发展。

《四库全书》是近三千人经过十余年共同努力的成果，但起决定作用的还是乾隆本人。

清代以前的君主大都置身于典籍制作之外，对丛书、类书的编纂、目录的编制不大过问。乾隆对《四库全书》编修工作则管得十分具体。他不仅下了几十道诏谕，而且经常亲自检查进度和质量，发现问题，及时处理，有奖有惩，赏罚分明。

编纂《四库全书》实际上成了清代统治者推行文化专制政策的重要活动。他们利用编书之机，竭力剷除各种反封建

第十章　官修私撰　巨帙宏篇

的所谓"异端",对蕴含民族思想的文化典籍,展开了一场空前规模的清剿。乾隆的"寓禁于征"政策就是假借求书之名,行其改书、毁书之实,在"违碍""悖逆"的名义之下,许多珍贵的著作失去了本来面目或绝迹于人间,造成了无可补救的损失。清姚觐元辑清代禁毁书目四种,分为《全毁书目》《抽毁书目》《禁书总目》和《违碍书目》四部分,据陈乃乾《禁书总录》综合各家记载而得到的统计数字为:全毁书二千四百五十三种,抽毁书四百零二种,销毁书版五十种,销毁石刻二十四种。

结语　最能体现中国文化的图书

图书与文化的关系如此密切，以至引发了近代一些学者探讨并回答这样几个问题：

哪些书是中国人必读之书？

哪些书影响了中国的历史？

哪些书最能体现中国文化的精神？

最先对此类问题作出回答的是清末洋务运动的首脑人物张之洞。同治十三年（一八七四），他到四川任学政，发现不少应考的读书士子并不会读书。有些人头发都已花白，但因屡试不中，仍然只能称"童生"，读了几十年书，还没有入门。为给这些生员指引门径，回答他们提出的"应该读哪些书""书以何本为善"这两个问题，张之洞编撰了一部《书目答问》，一下子就列举了二千二百余种古籍。他还说："诸生当知其少，勿骇其多。"他把这些书按经、史、子、集、

结语 最能体现中国文化的图书

丛五部分类编排,每部之下又分若干小类,每类当中的书大体按时间先后为序,实际上选择的是当时统治阶级认为最能代表中国文化的书籍。告诉初学者该读哪些书,选择什么版本。因为他经过一番斟酌,反映了中国学术的发展。所以,这部书受到后人的重视,被多次翻印补正。鲁迅先生说过:"我以为要弄旧的呢,倒不如姑且靠着张之洞的《书目答问》去摸门径去。"(《而已集·读书杂谈》)

一九二三年,清华学校的一批留学生即将出国。为了在短期内得到国学常识,他们请胡适、梁启超二人各自拟定一个有关国学的书目。胡适编撰了《一个最低限度的国学书目》。工具之部列《书目举要》等十四种,思想史之部列《中国哲学史大纲》上卷等九十三种,文学史之部列《诗经集传》等七十九种。计一百八十六种。当时《清华周刊》的记者就致书胡适,提出这个书目的范围太窄了,似乎只指中国思想史及文学史而言,不能代表国学,即包括氏族史、语言文学史、经济史、政治史等在内的中国文化史。另外,所谈的两方面又太深了,不合于"最低限度"四字,没有顾及清华学生的时间和程度这两种事实。因此,提出希望胡适另外拟一个书目,以求读过那书目中所列书籍以后,对于中国文化能粗知大略，对此，胡适在承认关于程度和时间方面，动机虽是为清华的同学，但动手之后就不知不觉地放高了，放宽了。于是，又在原书目上打一些圈，作为《实在的最低限度的书目》，并说："那些有圈的，真是不可少的了。"以下是加圈的书：

《书目答问》《中国人名大辞典》《九种记事本末》《中国哲学史大纲》《老子》《四书》《墨子闲诂》《荀子集注》《韩非子》《淮南鸿烈集解》《周礼》《论衡》《佛遗教经》《法华经》《阿弥陀经》《坛经》《宋元学案》《明儒学案》《王临川集》《朱子年谱》《王文成公全书》《清代学术概论》《章实斋年谱》《崔东壁遗书》《新学伪经考》《诗集传》《左传》《文选》《乐府诗集》《全唐诗》《宋诗钞》《宋六十家词》《元曲选一百种》《宋元戏曲史》《缀白裘》《水浒传》《西游记》《儒林外史》《红楼梦》计三十九种。

对于胡适的书目，比他年长十八岁的梁启超直言不讳地提出批评：

"胡君这个书目，我是不赞成的，因为他文不对题……胡君致误之由：第一在不顾客观的事实，专凭自己主观为立脚点。胡君正在做中国哲学史、中国文学史，这个书目正是表示他自己思想的路径和所凭藉的资料。殊不知一般青年，并不是人人都要做哲学史家、文学史家。不是做哲学史家、

结语　最能体现中国文化的图书

文学史家,这里头的书十有七八可以不读,真要做哲学史、文学史家,这些书却又不够了。

"胡君第二点误处,在把应读书和应备书混为一谈。结果不是个人读书最低限度,却是私人及公共机关小图书馆之最低限度(但也不对,只好说是哲学史、文学史家私人小图书馆之最低限度)。殊不知青年学生(尤其清华)正苦于跑进图书馆里头不知读什么书才好,不知如何读法,你给他一张图书馆书目,有何用处?何况私人购书,谈何容易。这张书目,如何能人人购置。结果还不是一句话吗?

"我最诧异的:胡君为什么把史部书一概屏绝!一张书目名字叫做《国学最低限度》,里头有什么《三侠五义》《九命奇冤》,却没有《史记》《汉书》《资治通鉴》,岂非笑话?

"还有一层:胡君忘却学生没有最普通的国学常识时,有许多书是不能读的,试问连《史记》没有读过的人,读崔适《史记探源》,懂他说的什么?连《尚书》《史记》《礼记》《国语》没有读过的人,读崔述《考信录》,懂他说的是什么?连《史记·儒林传》《汉书·艺文志》没有读过的人,读康有为的《新学伪经考》,懂他说的是什么?这不过随手举几个例,其他可以类推。……总而言之,《尚书》《史记》《汉书》《资治通鉴》为国学最低限度不必要之书,《正谊堂全书》……《缀白裘》……《儿女英雄传》……反是必要之书，真不能不算石破天惊的怪论！（思想史之部，连《易经》也没有。什么缘故，我也要求胡君答复。）

"总而言之，胡君这篇书目，从一方面看，嫌他挂漏太多；从别方面看，嫌他博而寡要，我认为是不合用的。"

梁启超用三日之力，也开列了《国学入门书要目及其读法》及《最低限度之必读书目》。前者分（甲）修养应用及思想史关系书籍，计三十九种；（乙）政治史及其他文献学书类，计四十四种；（丙）韵文书类，计三十六种；（丁）小学书及文法书类，计七种；（戊）随意涉览书籍，计三十种。总计一百五十六种。后者包括《四书》《易经》《书经》《诗经》《礼记》《左传》《老子》《墨子》《庄子》《荀子》《韩非子》《战国策》《史记》《汉书》《后汉书》《三国志》《资治通鉴》（或《通鉴纪事本末》）《宋元明史记事本末》《楚辞》《文选》《李太白集》《杜工部集》《韩昌黎集》《柳河东集》《白香山集》，其他词曲集随所好选读数种。梁氏认为："以上各书，无论学矿、学工程学……皆须一读。若并此未读，真不能认为中国学人矣。"

不难看出梁氏所列比胡氏书目在范围上面宽了些，尤其是增加了不少史学著作；在部头上略微精减了一些，删去了

结语　最能体现中国文化的图书

不少卷帙浩繁的总集、全书；但仍嫌"博而寡要"，实际上，对学理工者还是不合用。

在一九二七年前后，鲁迅先生老友许寿裳的儿子许世瑛攻读中国文学，向鲁迅请教应该从那些方面入手，看些什么书？鲁迅随手给他开了一个书目，书不多仅有十二部，计：

计有功　　宋人《唐诗纪事》（四种丛刊本，有单行本）。

辛文房　　元人《唐才子传》（今有木活字单行本）。

严可均　　《全上古……隋文》（今有石印本，其中零碎不全之文甚多，可以不看）。

丁福保　　《全上古……隋诗》（排印本）。

吴荣光　　《历代名人年谱》（可知名人一生中之社会大事，因其书为表格之式也。可惜的是作者所认为历史的大事者，未必真是"大事"，最好是参考日本三省堂出版之《模范最新世界年表》）。

胡应麟明人　《少室山房笔丛》（广雅书局本，亦有石印本）。

《四库全书简明目录》（其实是现有较好的书籍之批评，但须注意其批评是"钦定"的）。

《世说新语》　　刘义庆（晋人清谈之状）。

《唐摭言》　　五代王定保（唐文人取科名之状态）。

《抱朴子外篇》 葛洪（内论及晋末社会状态）有单行本。
《论衡》王充（内可见汉末之风俗迷信等）。
《今世说》　　王晫（明末清初之名士习气）。

应该指出两点：这个书目是鲁迅先生写给一个极熟的子侄辈后生的，原稿写得较随便，始无标点，书名有的也没写全，甚至有误，很像是并没有腹稿，而是想到一部开列一部，而且偏重于中国文学史，不是全面的中国文化史。但这个书目还是能给我们不小的启发和借鉴。其一是列书不多，中心突出，又照顾到各个方面，有一定的广度。既有《历代名人年谱》、《四库全书简明目录》、《唐诗记事》等工具书，又有《全上古三代秦汉三国六朝文》、《全汉三国晋南北朝诗》等大部头作品集；既有《少室山房笔丛》、《唐摭言》等笔记杂考之书，又有《抱朴子外篇》、《论衡》等论辩之书。读这些书，确实能使初学者掌握必要的历史知识、时代背景、人物及其著作，打下坚实的基础，进而了解各家作品及产生这些作品的时代背景和社会关系，以及文人生活习惯在形成他们各自不同的作品风格之间的因缘。这正和鲁迅先生一贯主张的："倘若论文最好是顾及全篇，并顾及作者的全人，以及他所处的社会状态，这才较为确凿。"（《且介亭杂文二集·题未定草七》）相吻合，可以说是这一思想在书目上的体现。书目的另一个特点是每部书都附有简短的提示，或列出较好的版本，或点明开列此书的目的意图。言简意赅，切中要害，真正起到"提要钩玄、指导治学"的作用。

一九五三年，北京图书馆开列了一个《中国古代重要著作选目》选书二十一种，分文史和科学两方面。文史方面包括《诗经》、《楚辞》、李白诗、杜甫诗、白居易诗、《水浒》、《三国演义》、《西厢记》、《红楼梦》、《史记》、《大唐西域记》、《徐霞客游记》；科学方面包括《论衡》、《齐民要术》、《梦溪笔谈》、《营造法式》、《农书》、《本草纲目》、《天工开物》。这个书目是经过郭沫若、俞平伯、何其芳等人审订过的。既然称为"古代重要著作"，那么如《周易》、《论语》等哲学、思想方面的著作一本未选，应该说这也是个缺憾。

史学家钱穆在其《从中国历史来看中国民族性及中国文化》一文中认为，有七部书最能代表中国文化精神，是中国人的总纲，也是中国人必读之书。这七部书是《论语》、《孟子》、《老子》、《庄子》、《六祖坛经》，朱熹的《近思录》和王阳明的《传习录》。

一九八二年，蔡尚思在他的《中国文化史要略》一书中，开列了一个《中国文化基础书目》，他认为，最能代表中国文化的书籍有四十种：

文学十种：《诗经》、《楚辞》，代表先秦古诗；《李太白诗集》、《杜工部诗集》，二者代表汉后古诗；《白香山诗集》、《韩昌黎文集》，代表古散文；《宋元戏曲史》，代表古代戏曲；《水浒》、《红楼梦》，代表古代小说；《鲁迅杂感选集》，代表近代文学思想。

史学六种：《左传》、《史记》，代表古代史学中的通史方面；《史通》代表古代史学中的批评方面；《徐霞客游记》，代表地理游记；《廿二史札记》，代表正史研究；《帝王春秋》，代表历代王朝黑暗统治。

哲学思想方面二十种：《论语》，代表孔子思想；《墨子》，代表墨家思想；《孙子》，代表古代兵法；《老子》、《庄子》，代表道家思想；《孟子》、《荀子》，代表孔子以后的儒家思想；《韩非子》，代表法家思想；《论衡》，代表古代唯物论；《金刚经》或《六祖坛经》，代表佛学；《化书》、《李氏焚书》、《续焚书》、《明夷待访录》，代表古代民主思想；《读四书大全说》、《四存编》或《习斋先生言行录》、《太平天国文选》，代表农民革命思想；《天演论》，代表西学；《清代学术概论》，代表清代学术；《孙中山选集》，代表资产阶级革命派思想；《五四运动文选》，代表新文化运动。

科学四种：《梦溪笔谈》、《农书》、《本草纲目》、《天工开物》。

上开书目计四十种，尤以其中二十种应先读:《诗经》、《李太白诗集》、《杜工部诗集》、《宋元戏曲史》、《红楼梦》、《鲁迅杂感选集》、《史记》、《史通》、《徐霞客游记》、《论语》、《墨子》、《孙子》、《庄子》、《韩非子》、《明夷待访录》、《太平天国文选》、《孙中山选集》、《五四运动文选》、《梦溪笔谈》、《本草纲目》。

一九八九年武汉大学出版社出版了一部《影响中国历史的三十本书》，依中国文化发展的特点分为根源篇、创变篇和维新篇，旨在体现中国文化思想发生、发展和转变的过程，这三十种书分别为：

根源篇十一种，另附三种：有《尚书》、《周易》、《诗经》、《孙子兵法》、《老子》（附《庄子》）、《春秋》（附《左传》）、《论语》（附《孟子》）、《孝经》、《韩非子》、《礼记》、《黄帝内经》。

创变篇九种：《史记》、《论衡》、《太平经》、《坛经》、《唐诗三百首》、《资治通鉴》、《四书集注》、《明夷待访录》、《红楼梦》。

维新篇十种：《海国图志》、《新学伪经考》、《盛世危言》、

《天演论》、《建国方略》、《尝试集》、《阿Q正传》、《独秀文存》、《社会学大纲》、《新民主主义论》。

中国图书浩如烟海，要从中准确地选择哪些最能代表中国文化特色并对中国历史产生过重大影响的书籍，是相当困难的。随着中国文化研究的深入和广泛开展，这一选择无论是对初学者，还是对研究者来说，都将是有意义的。

出版后记

中华文明源远流长。在漫长的历史岁月中，我们中华民族创造了辉煌灿烂的文化成就，践行着自己朴素而真诚的人生和社会理想，追寻着具有鲜明特色的伦理价值和审美境界，展示出丰富、生动、深邃的思想智慧。在很长一段时间内，中国文化在世界文明体系中居于领先地位，其影响力和感染力无比强大，从而在铸就中华民族独特灵魂的同时，也为人类文明的发展和进步作出了重要的贡献。

明清之际，由于复杂的原因，中国社会没有能够有效地完成转型，逐步走向封闭和衰落。鸦片战争的失败，更使中国面临数千年未有之变局，使中华民族沦入生死存亡的艰难境地。为了救国于危难，当时的仁人志士自觉不自觉地把目光投向西方，投向西学，并由此对中国传统文化进行了激烈的批判。从洋务运动、戊戌变法，一直到五四新文化运动，在近代中国救亡图存的历史语境中，传统文化的观念和形态，常常被贴上落后、愚昧的标签，乃至被指斥为近代中国衰落和灾难的祸根，就连汉字和中医这样与国人生命息息相关的文化形态，也受到牵连和敌视，被列入需要废除的清单。对本民族文化的这种决绝态度，在世界各民族的历史上都是罕见的，它既反映了我们中华民族创新发展的非凡勇气，也从一个重要侧面，印证了中华传统文化的顽强和深厚。

今天，历史已经走进21世纪，我们中华民族经过不懈的努力和奋斗，迎来了快速发展的良好机遇，国家强盛、民族复兴的曙光就在前方。在这样的时候，在这样的历史背景下，重温我们民族的辉煌、艰难历史，重新认知我们民族的优秀文化和高贵传统，不仅是一种自然的趋势，也是一项庄严的历史使命。理由很简单，我们中华民族要在全球化的背景下真正实现伟大复兴，必须具有足够的凝聚力和创造力，必须具有强烈的自尊心和自信心，而这一切，离不开对本民族优秀文化基因的认同和感念，离不开对优秀传统的继承和弘扬。从这个意义上说，中国传统文化是不绝的源泉，是清新而流动的活水。我们组织出版《中国文化经纬》系列丛书，正是为了汲取丰富的精神滋养，激发我们前行的力量。

本书系计划出版100卷，由著名的中国文化书院组织编

出版后记

写，内容涵盖中国传统文化的各个方面和层级，涉及文学、历史、艺术、科学、民俗等多个领域，力求用通俗易懂的语言，用较少的篇幅，使广大读者对中国历史文化有较为全面的认识，对中国精神和中国风格有较为深切的感受。丛书的作者均为国内知名专家，有的是学界泰斗，在国内外享有盛誉，他们的思想视野、学术底蕴和大家手笔，保证了丛书的学术品质和精神品格。

这是一套规模宏大、富有特色的中国传统文化读本，这是专家为同胞讲述的本民族的系列文明故事，我们期待您的关注和阅读，也等待您的支持和批评。

中国书籍出版社

2015 年 9 月

中国文化经纬·第一辑

从黄帝到崇祯：二十四史 / 徐梓 著
华夏文明的起源 / 田昌五 著
孔子和他的弟子们 / 高专诚 著
老子与道家 / 许抗生 著
墨子与墨学 / 孙中原 著
四书五经 / 张积 著
宋明理学 / 尹协理 著
唐风宋韵：中国古代诗歌 / 李庆 武蓉 著
易学今昔 / 余敦康 著
中国神话传说 / 叶名 著

中国文化经纬·第二辑

敦煌的历史与文化 / 宁可 郝春文 著
伏尔泰与孔子 / 孟华 著
利玛窦与徐光启 / 孙尚扬 著
神秘文化的启示：纬书与汉代文化 / 李中华 著
中国古代婚俗文化 / 向仍旦 著
中国书法艺术 / 陈玉龙 著
中国四大古典悲剧 / 周先慎 著
中国图书 / 肖东发 著
中国文房四宝 / 孙敦秀 著
中印文化交流史 / 季羡林 著